하루하루 흔들리는 나를 붙잡아줄

결정적 한마디

하루하루 흔들리는 나를 붙잡아줄

결정적 한마디

유태진 지음

힘든 인생, 어떻게 살 것인가

우리는 지금 '붕괴의 시대'에 살고 있다. 모든 것은 추락하고, 부자와 빈자의 격차는 점점 더 깊어지고, 위선이 날개를 단 채 판치는 세상에서 살고 있다. 세계적으로 도덕적 가치관은 붕괴되었으며, 양심 있는 사람들의 틈바구니에서도 배반과 속임수는 홍수처럼 넘쳐난다. 권력의 자리에 앉은 자들은 윗사람의 변덕 때문에 실각하고, 그 윗사람조차 언제 무너질지 모르는 어설픈 명성 때문에 잠 못 이루며 고민한다.

비즈니스 사회에서도 교활한 라이벌의 그림자가 도처에서 소시민을 공격하며 실패의 늪에 빠뜨리고 있다. 한 치 앞을 내다볼 수 없는 안개 정국 속에서 자신의 자리를 지키고, 타인의 술책에 빠져 신세를 망치지 않기 위해서는 앞을 내다보는 힘이 필요할 뿐 아니라, 현상을 올바르게 판단하는 지혜가 필요하다. 또한 끝없는 위기의 세상에서 다른 사람과 조화를 이루며 자신의 꿈을 지켜 나가기 위해서는 좀 더 안전하게 살아남기 위한 행동 원칙이 무엇보다 중요하다.

이 책은 천 년을 앞서 살았던 현자들의 가르침을 모아 재해석한 것으로 인생을 살아가는 동안 고민과 걱정을 해결해 줄 뿐만 아니라 필요한 지혜와 통찰을 얻을 수 있다.

페이지마다 가슴속에 새길 수 있는 한마디의 문장을 넣어 음미할 수 있도록 했고, 하단에는 오늘 하루를 살아갈 수 있는 힘을 얻는 자신만의 다짐을 적을 수 있도록 구성했다. 또한 자신의 삶을 되돌아보고 앞으로의 인생을 좀 더 건설적으로 설계를 할 수 있도록 독려하는 다채로운 페이지들을 넣었다. 그저 읽고 지나가는 것이 아니라 독자가 책의 한 부분에 저자로 참여함으로써 오로지 한 사람을 위한 책이 될 수 있도록 구성했다.

힘들고 소란스러운 붕괴의 시대를 사는 우리들에게 이 책은 저마다 걷는 작은 오솔길에서 하나의 밝은 등불이 되어 줄 것이다.

CONTENTS

FIRST

1

기대와 다른 세상에
·····································
실망한 나에게

자기만의 확고한 신념 가지기

신념의 힘은 모든 일을 이룰 수 있게 한다.
인간은 자신이 하는 일에 대해 신념을 가져야 한다.
- 요한 볼프강 폰 괴테

요즘 세상은 무척이나 혼란스럽다. 사람과 사람 사이의 귀중한 정이 파괴되고, 우정은 더 이상 자라지 않는다. 진리는 구석으로 몰리고, 성실하게 일하는 사람은 보답받지 못하는 반면, 게으른 사람이 도리어 이득을 본다. 그래서 사람들은 누군가에게 불안감을 느끼기도 하고, 또 다른 누군가에게는 불신을 품으면서 배반당하는 것을 두려워한다.

이것이 우리가 처한 현실이라면, 적어도 타인의 부실을 본보기가 아닌 경고로 받아들여야 한다. 즉, 이 세상에 숨어 있는 진짜 위험은, 타인의 어리석음에 지나치게 관대하고 무능함을 인정하면서 그들과 어울리는 사이에 나 자신의 고결함이 흔들리는 데 있다.

하지만 자신만의 확고한 신념을 갖고 있다면 타인의 모습이 확실히 보이므로 나 자신을 잃는 일은 없을 것이다.

나의 다짐

내가 가진 확고한 신념 중에 하나는

.... (이)다.

현명한 이는 두 번 실패하지 않는다

한 번 실패와
영원한 실패를 혼동하지 말라.
- 스콧 피츠제럴드

거짓은 한 발로 서고, 진실은 두 발로 서며, 침묵하는 자에게는 거짓도 없다. 간혹 우리는 이득이 되지 않는 것을 잡기 위해 네 발짝 전진해 상황을 악화시키는 경우가 종종 있다. 예를 들어, 변명을 되풀이하는 것이나 책임을 뒤로 미루는 것들이다. 아무리 공들여 쌓아도 결국 무너지고 마는 트럼프 타워처럼, 하나의 변명과 거짓을 지탱하기 위해서는 더 많은 변명과 거짓이 필요한 법이다.

변명보다 나쁜 것은 타인을 기만하는 일이다. 하나의 거짓을 계속 이어 나가면 결국 그 깊이에서 빠져나올 수 없다. 즉, 자신의 거짓이 통했다고 해도 그 씨앗은 이미 뿌려져 하나의 악덕이 더 많은 해로움을 낳는 것이다.

따라서 자신이 저지른 잘못된 말로 인해 노골적으로 공격당하거나 공적으로 평가를 받는 상황이라면, 그 즉시 책임을 지도록 하라. 그것을 부인하는 것보다 동기를 설명하는 편이 훌륭한 인격을 드러내는 방법이다. 현명한 사람은 한 번의 실패를 두 번 반복하지 않는다.

나의 다짐

내가 저지른 실수 중에서

.... 만은 다시 하지 않겠다.

성공은 욕심으로 이뤄지지 않는다

멈추지 말고 한 가지 목표에 매진하라.
그것이 성공의 비결이다.
- 안나 파블로바

가끔은 평범한 사람이 평범한 역할을 피하기 위해 생각에도 없는 행동을 하기도 한다. 그러나 아무리 노력해도 꾸며낸 행동은 경박하면서도 속이 들여다보이기 마련이다. 옷차림이나 행동거지를 누군가에게 특별하게 보이기 위해 인위적으로 만들어낸다면 오래가지 않아 거짓임이 들통나고 말 것이다.

깊이 있는 생각과 동떨어진 행동은 어리석음과 종이 한 장 차이다. 특히 개인적 행동보다 생산성을 중시하는 비즈니스 세계에서는 엉뚱한 행동이나 모습이 처음에는 신선해 보일 수 있어도 숨은 의도가 밝혀지는 순간 사람들이 등을 돌리기 십상이다.

의식이 성장하지 않은 채 한순간에 큰 성공을 이룰 수 있을 리는 없으며 훌륭한 일을 할 수 없는 사람이 성공에 눈이 멀어 욕심을 부리면 그 일은 그릇되기 마련이다.

나의 다짐

성공을 위한 나의 첫 번째 다짐은

.... (이)다.

고집 버리기

고집으로 상대방을 이길 수는 없다.
당장 고집의 습관을 버려야 한다.

— 발타자르 그라시안

완고함, 고집이라는 갑옷으로 무장한 채 극히 간단하고 명백한 도리조차 무정하게 거절해 버리는 사람들이 있다. 고집은 마치 몸에 난 종기와도 같아서, 그것이 도드라져 보여도 스스로는 그 인격적 결함을 알지 못한다. 또한 만사를 투쟁으로만 보기 때문에 평화적인 방법을 찾지 못하기도 한다. 이런 사람은 친구로 삼아야 할 사람을 적으로 만들 뿐 아니라, 자기 스스로도 자신의 고집에 빠져 허우적댄다.

고집이 센 사람은 자신만이 모든 문제에 대한 해결책을 가지고 있다고 생각한다. 그러나 고집으로는 어떤 무엇도 바꿀 수 없다. 고집을 버리는 것은 기꺼이 자신의 마음을 열 준비가 되었음을 의미하는 것이다. 그것은 두려움이나 절망을 적극적이고 긍정적인 생각으로 바꾸는 것과 같다. 자기 생각만 옳다고 고집하는 사람은 다른 사람의 의견을 제대로 받아들일 수 없다. 자신의 주장을 하기 전에 다른 사람의 말을 들어 보라.

나의 다짐

가장 먼저 버려야 할 나의 고집은

.... (이)다.

자신에 대한 대화 삼가기

자신을 고집하지 않으면 않을수록
그만큼 자유를 가지게 된다.
- 레프 톨스토이

누군가 자기 자신에 대해 말하고 있다면 그것은 자화자찬이거나 스스로의 체면을 깎는 일 둘 중 하나이다. 어느 경우든 자신을 지나치게 드러내는 일은 어색함을 부르고, 상대에게 불편함을 안길 수 있다.

가까운 사람들과의 대화에서도 자기 자신을 화제로 삼는 행위는 삼가야 하지만, 특히 공적인 장소에서는 더욱더 피해야 한다. 많은 사람들을 앞에 두고 말해야 하는 경우, 이 재미없는 주제에 대한 이야기를 조금이라도 언급한다면 청중에게 안 좋은 인상을 심어줄 수 있기 때문이다.

그 자리에 함께 있는 사람에 대한 이야기도 조심해서 해야 한다. 상대를 지나치게 치켜세우거나 비방하는 등 같은 자리에 있는 사람에 대해 말할 때에는 더 신중해야 할 필요가 있다.

나의 다짐

대화할 때 삼가야 할 나의 행동은

.... (이)다.

중요한 일은 이성적으로 판단하기

판단력은 천천히 걸어오지만
편견은 무리를 지어 달려온다.
- 장 자크 루소

머리와 마음은 가끔 충돌하는 법이지만, 모든 일에 감정대로 행동하면 생활이 틀어지기 시작한다. 자신을 제어할 수 없는 사람은 스스로를 도울 수 없다. 게다가 감정은 늘 이성을 짓밟으려고 한다.

따라서 뭔가 중요한 일에 몰두해야 할 때에는 이지적이고 냉정한 사람과 손을 잡는 편이 유리하다. 한 걸음 물러서서 판단하는 사람에게는 무대를 지켜보는 관객처럼 모든 현상이 잘 보이기 때문이다. 반면, 무대 위의 배우는 흥분한 상태로 연기를 하게 된다.

자신의 감정이 고조되었음을 느낀다면 즉시 진정시키는 데 마음을 쏟아라. 그렇지 않으면 당신의 머리에서 피가 치솟아 논리적이고 명석한 사고력의 자리를 감정이 대신 차지하게 된다. 나머지 인생을 좌우하는 큰 타격이 그 순간에 있지 않으리라고 누가 단정할 수 있겠는가!

나의 다짐

감정이 고조되었음을 느낀다면, 마음을 진정시키기 위해

_____ 하겠다.

무엇보다 사람이 먼저다

누군가와 서로 공감할 때
사람과 사람과의 관계는 보다 깊어질 수 있다.
- 오쇼 라즈니쉬

간혹 성공한 사람이 그렇지 못한 사람들의 냉랭한 반응을 접하는 경우가 있다. 즉, 질투가 넘쳐나는 이 세상에서는 타인의 눈에 바람직하게 비춰진다는 것 자체가 쉽지 않은 일이다. 그래도 세상의 존경이나 호의를 얻는 방법이 있다. 즉, 일을 잘하고, 훌륭한 재능을 갖고 있으며, 다른 사람을 대하는 모습과 태도가 매력적이라면 가능하다. 고귀함은 이런 요소들을 바탕으로 세워지는 것이다.

지위가 있고 사람이 있는 것이 아니라, 사람이 있고 지위가 있는 것이라는 사실을 잊어서는 안 된다. 어떤 사람에게는 일이 명예를 안겨 주지만 대부분의 사람들은 그 자신이 일을 명예롭게 만든다.

사람은 다른 사람과의 관계에서 자신을 돌아볼 수 있으며 서로 이해하고 공감하는 마음이 쌓이면 비로소 진실한 인간관계를 맺게 된다.

나의 다짐

진실한 인간관계를 이어가고자 내가 노력할 부분은

.... (이)다.

'나 없으면 안 돼'라는 생각

나 혼자서는 행복해질 수 없다.
원하든 원하지 않든 우리는 서로 연결되어 있기 때문이다.
– 달라이 라마

'나 없으면 안 돼'라는 생각은 주로 두 가지 유형으로 나뉜다. 첫 번째는
"무슨 일이 있어도 이건 내가 해결해야 해"라는 심리와 "너네가 나만큼
할 수 있을 것 같아?"라는 심리다. 둘 다 위험한 생각이다. 이러한 생각
은 지나친 자만심일 수도 있고 오만일 수도 있다. 자신이 아니면 아무것
도 해결되지 않을 거라는 생각은 주위 사람은 물론 자신까지 피곤하게
만드는 일이다.

만약 후임자의 됨됨이가 나쁘다는 이유로 전임자였던 당신이 재평가
받는다고 해도 당신에게는 어떤 명예나 보상도 주어지지 않는다. 이는
당신이 다시 회사로 돌아오길 기대한다는 의미가 아니라 후임자로 온
그 사람이 물러나길 바라는 이기적인 마음일 뿐이다.

나의 다짐

자만한 생각이 드는 즉시

.... 하겠다.

감정을 인정하기

이성이 인간을 만들어 냈다면
감정은 인간을 이끌어간다.

- 장 자크 루소

누구나 격렬한 노여움에 휩싸였을 경우, 언제 어떻게 진정시켜야 하는지를 잘 알아둬야 한다. 노여움으로 감정이 상해 입 밖으로 그것을 표현하면 뜻하지 않게 노여움의 불길이 다른 사람에게로 번질 수 있기 때문이다. 따라서 화로 인해 다른 사람과의 마찰이나 갈등을 일으키지 않도록 늘 안정을 되찾고 편안한 상태로 쉽게 전환하는 자신만의 방법을 만들어야 한다.

먼저, 분노가 올라왔을 때는 자신이 냉정함을 잃었다는 사실을 솔직히 인정해야 한다. 그러면 의식적으로 상황을 제어할 수 있다. 그런 다음 격렬한 분노를 쫓아내고 냉정한 사고로 상황을 판단해야 한다. 많은 사람들이 발끈하는 상황에서도 냉정함을 유지하는 사람들은 성숙한 인간형이라고 할 수 있다. 모든 종류의 감정 폭발은 이성에 한층 뒤떨어져 있기 때문이다.

사려 깊게 판단하면 노여움은 이성을 극복할 수 없다. 따라서 험악한 공기를 잘 추스르기 위해서는 불화가 폭발하지 않도록 늘 고삐를 당겨 둘 필요가 있다.

나의 다짐

격렬한 분노에 휩싸일 때마다

.... 행동으로 냉정함을 유지하겠다.

평판 관리의 지혜

절대로 남에 대하여 부정적인 말을 하지 마라.
그것은 그 사람의 평판뿐 아니라 당신의 평판도 깎아 내릴 것이다.

- 브라이언 코슬로우

다른 사람에 대한 소문을 잘 퍼뜨리는 사람은 자기 자신의 평판마저도 스스로 깎는 것과 같다. 소문 당사자에 대한 이야기가 더 안 좋게 확장되기보다 그것을 말한 사람의 평판이 땅에 쉽게 떨어지기 때문이다. 게다가 소문의 당사자들 역시 몰래 그 사람을 비방하고 다니기 마련이다. 사람들이 이런 사람과 만남을 지속하는 이유는 그에게 매력을 느꼈다기보다 타인에 대한 야유를 듣는 것이 재미있기 때문이다. 하지만 타인에 대한 악의(惡意)를 즐거움의 대상이나 대화의 주제로 삼아서는 절대안 된다.

빈정대든, 험담을 하든, 예의에서 벗어난 발언을 하든 악의로 타인에 대한 이야기를 꺼내는 사람은 자신의 평판을 먼저 떨어뜨리고 있다는 사실을 잊어서는 안 된다.

나의 다짐

나의 평판을 떨어뜨리지 않기 위해

.... 만은 절대 하지 않겠다.

나 스스로를 귀하게 여기자

남과 비교하면서 사는 삶은
자신을 더 힘들게 한다.
나 스스로를
귀하게 여기면
다른 사람의 삶과
비교할 필요가 없다.

예의의 가치

모든 사람에게 예의 바르고, 많은 사람에게 붙임성 있고,
몇 사람에게 친밀하고, 한 사람에게 벗이 되고, 누구에게나 적이 되지 말라.

- 벤자민 프랭클린

모든 교섭에 있어서 예의는 조용한 수습의 역할을 한다. 누구든 예의범절이 몸에 밴 사람을 만나면 거기에 매료되고, 예절과는 거리가 먼 사람을 만나면 그 반대로 혼란스러워진다. 상대가 조용히 말하고 있는데 혼자서 큰 소리로 외치는 사람은 어리석다.

무언가를 팔 때 예절을 곁들이면 2배의 가치로 되돌아온다. 물품과 서비스에 모두 만족한 고객들이 감사의 인사와 경의를 표하기 때문이다. 특히 분별력 있는 교섭자들 사이에서 예절은 세련과 동정의 표시로 작용한다. 한마디로 예절은 대부분의 상황을 좋은 방향으로 이끄는 기술인 것이다.

나의 다짐

예의 바른 사람이 되기 위해 가장 먼저 노력할 일은

.... (이)다.

기억의 속성

기억이라는 것은 가장 믿는 순간에 원수가 되어 주인을 버린다. 그래서 사람은 잊어버리는 기술을 익혀 둬야 하는데, 단 이것은 능력이나 기술보다 오히려 운의 문제라고 할 수 있다. 기억은 마음에 상처를 주는 일들에는 매우 관대한 반면, 기쁨을 주는 일들에는 인색하다.

기억 속에 있는 나쁜 일은 때로 잊어버리는 것밖에 방법이 없는데, 이것이 의도와 달리 잘 되지 않는다. 특히 역경에 처해 있을 때는 대뇌의 문이 활짝 열리기 때문이다. 즉, 비탄으로 나약해진 두뇌가 허점을 드러내 다른 모든 고통의 좋은 먹잇감이 되는 것이다.

기억은 사람을 천국으로도, 지옥으로도 데려가므로 기억을 통제하는 훈련이 반드시 필요하다. 물론 쉬운 일은 아니지만.

나의 다짐

좋지 않은 기억들을

.... 방법으로 통제하겠다.

정직함은 신용이다

오래가는 행복은
정직한 것에서만 발견할 수 있다.
- 게오르크 리히텐베르크

다른 사람들에게 교활한 인간형으로 인식되지 않도록 주의하라. 예를 들어, 오늘날 타인을 속이지 않고 살아가는 것이 아무리 힘들다고 해도, 교활하게 사는 것보다 분별력을 갖고 살아가는 편이 훨씬 바람직하다. 즉, 타인에게 두려움의 대상이 되기보다 지혜를 발휘해 존경의 대상이 되는 편이 좋지 않겠는가.

평판이라는 것은 보이지 않는 날개를 갖고 있어 뜻밖의 장소까지 날아간다. 그러므로 특별한 기술을 갖고 있다면 정직한 목적에 이용하는 것이 좋다. 거짓말을 하지 않는 사람은 남의 말을 모두 진실로 받아들이고, 남을 속이지 않는 사람은 모든 사람의 신용을 얻는다. 따라서 다른 사람들에게 성실하지 않고 믿을 수 없는 사람으로 인식되기보다 신용을 중요시하는 사람으로 인식되도록 노력하는 지혜가 필요하다.

나의 다짐

나의 신용도를 높이기 위해

_____ 을(를) 실천하겠다.

경청하는 사람은 인기가 많다

다른 사람의 말을 신중하게 들어라.
그리고 가능한 한 말하는 사람의 마음속으로 빠져들어라.
– 마르쿠스 아우렐리우스

시장에서는 수요가 가치의 척도이다. 즉, 수요가 없으면 아무리 귀중한 것이라도 가치가 떨어질 수밖에 없다. 이 논리는 손님을 초대할 때도 그대로 적용된다. 즉, 지혜롭고 유머감각이 풍부한 사람은 많은 자리에 자주 초대를 받는다. 남의 이야기를 잘 들어주는 사람도 마찬가지다. 지적이지 않아도 기분 좋은 분위기를 갖고 있으면 언제 어디에서든 환영받을 수 있는 것이다. 남의 말을 잘 들어주는 사람은 파도를 일으키지 않는 조용한 바다와 같다.

쓸데없는 말을 늘어놓는 것으로 아첨하는 것보다 상대방의 말을 잘 들어주는 것만으로도 아첨할 수 있다. 이는 아주 고상한 방법이다. 잘 보이고 싶은 사람이 있다면 그의 말을 세심하게 들어주는 것이 도움이 된다. 남의 말을 잘 듣는 것만으로 상대의 호감을 얻었다는 데일 카네기의 일화를 떠올려 보면 쉽게 이해할 수 있다.

나의 다짐

나의 대화를 돌아볼 때,

잘 하고 있는 행동은 .... (이)고

하지 말아야 할 행동은 .... (이)다.

자신의 꿈을 믿기

성취하려면 행동뿐만 아니라 꿈을 꾸어야 하며
계획을 세울 뿐만 아니라 그것을 믿어야 한다.

- 아나톨 프랑스

자신의 꿈을 믿는다면 주위에서 무슨 말을 하든 상관하지 말고 마음먹은 대로 나아가 보자. 자신을 믿는 사람은 행동할 때에 필요한 요건들을 모두 갖고 있는 셈이다. 그러면 중요한 문제든, 사소한 문제든 혼자 힘으로 해결해 나갈 수 있다. 자신의 지력과 판단력이 위험한 길을 돌아갈 수 있는 방법을 알고 있다면 누구의 신세도 질 필요가 없다.

때론 주위 사람들의 충고 혹은 조언에 흔들릴 때도 있을 것이다. 그러나 내 인생은 자신의 것이다. 내면이 이끄는 대로 가다 보면 나만의 길이 만들어질 것이니 자신을 믿어보자. 내가 아니면 누가 나를 온전히 믿고 응원해줄 수 있을 것인가.

나의 다짐

내가 믿고 응원하는 나만의 꿈은

.... (이)다.

다른 사람에게 끌려가지 않는 삶

현명한 사람은 기회를 찾지 않고
기회를 창조한다.
– 프랜시스 베이컨

세상 물정에 현명하게 대처하는 눈을 기르자. 상대의 승인은 약속이 아니고, 상대와의 악수는 계약이 아니다. 사람의 머릿속에는 다른 행동이 숨어 있을 수 있음을 기억해 두어야 한다.

현명한 사람은 다른 사람의 생각과 행동에 끌려가지 않는다. 자신의 계획과 의도에 맞는 일을 상대방에게서 얻으려 노력한다. 내가 아닌 다른 사람에게 내 생각의 주도권을 빼앗기지 않도록 주의해야 할 것이다. 지혜로운 사람은 누구를 만나든 스스로 기회를 만들어가는 사람이다.

나의 다짐

다른 사람의 생각과 행동에 끌려가지 않도록

.... 을(를) 주의하겠다.

무례함은 소외를 낳는다

무례함이란,
약한 인간이 강한 인간을 모방할 때 나타난다.
- 엘리 호퍼

무례함은 소외를 낳는다. 즉, 자제심이 없는 행동의 가장 큰 대가가 바로 주변으로부터의 소외인 것이다. 그러니 일부러 비난을 살 만한 행동을 하지 않는 것이 좋다. 굳이 그러지 않아도 잘하든 못하든 비난은 생기게 마련이다. 이 세상에는 아무리 비위를 맞춰도 이유 없이 미움과 증오를 품는 사람들이 많기 때문이다.

무례한 사람을 짐승 같다고 비난할 필요는 없다. 상대가 난폭하게 굴면 자신을 반성해 보는 것이 좋다. 그러나 아무리 예를 다해도 상대가 고쳐지지 않는다면 그는 진짜 짐승과 같으니 상대할 가치가 없다.

나의 다짐

내 인생의 가장 무례했던 순간인

.... 을(를) 돌아보며 지난날을 반성하자.

우리의 착각

그 사람의 인격은
그가 나누는 대화를 통해 알 수 있다.
- 메난드로스

요즘 세상은 서로 상처 입히려는 충동이 자신의 이익을 지키려는 욕구
보다 더 강력하다. 개중에는 누군가를 계속해서 미워해야 자신이 행복
하다고 생각하는 사람들도 있다. 이들은 누군가를 미워함으로써 기묘한
만족감을 느끼는 동시에 간혹 잡음도 일으켜 인생의 지루함에서 도망
치려고 한다.

남에게 상처를 줌으로써 자신이 더 나은 사람이라는 우월감을 느끼는
것은 지나친 착각이다. 모든 인간관계에서 그러한 태도는 안 좋은 결과
를 불러일으킬 것이다. 남을 헐뜯는 것은 자기 자신을 스스로 헐뜯는 것
이나 마찬가지이기 때문이다.

___나의 다짐___

누군가를 미워하는 마음이 들 때마다

.... (으)로 마음을 다스리겠다.

내가 먼저 감사하기

받은 상처는 모래에 기록하고
받은 은혜는 대리석에 새기라.
- 벤자민 프랭클린

누군가에게 감사함을 받길 원한다면 자신이 먼저 감사함을 전달할 줄 알아야 한다. 감사함은 유행병처럼 다른 누군가에게 전달되는 힘이 강하다.

습관적으로 불평과 불만의 말이 나오려고 할 때, 누군가에게 기대하는 마음이 실망으로 되돌아올 때, 평범한 삶에 지겨울 때마다 감사함을 떠올려 보자. 의식적으로 감사한 일들을 찾기 시작할 때 당신의 삶에 더 감사할 일들이 찾아올 것이다.

두터운 정을 원한다면 당신이 먼저 두터운 정을 상대방이 느낄 수 있도록 해줘라. 그것이 온전히 상대방으로부터 두터운 정을 받는 유일한 길이다.

나의 다짐

지금 이 순간 떠오르는 감사한 일은

.... (이)다.

사람의 위대함

행복은 미덕의 보상이 아닌,
미덕 그 자체다.
- 바뤼흐 스피노자

높은 도덕심, 정의감, 선량함은 미덕을 가진 사람이 가진 훌륭한 가치이다. 또한 미덕은 모든 탁월함을 입증하는 증거이자 인생의 만족감을 느끼게 하는 핵심이기도 하다. 미덕을 갖춘 사람은 분별력이 있고 기민하며 이해력이 깊고 현명할 뿐 아니라, 용기와 동정이 넘치고 늘 기뻐하며 정직하다. 미덕은 비천한 세상을 비추는 태양이자 양심의 하늘이며, 미덕이야말로 지혜의 본질이자 그 어떤 것보다도 우월하다.

사람의 위대함은 미덕에 의해 측정되어야 한다. 사람들에게 사랑받는 데 어울리는 인생을 만들고, 세상을 떠난 후에도 사람들의 기억에 남는 데 어울리는 인물을 만드는 것이 바로 미덕이다.

나의 다짐

나의 가장 큰 미덕은

_____ (이)다.

02

인 생 다 짐

오늘 하루, 감사함을 느끼게 하는 것들을 찾아보자.
매 순간 감사하는 마음은
당신의 삶을 더욱 잘되게 할 것이다.

평범한 사람이 풍요롭다

나는 똑똑한 것이 아니라
단지 문제를 더 오래 연구할 뿐이다.
- 알버트 아인슈타인

보통 사람과는 다른 독특한 생활습관을 가진 사람들이 있다. 그리고 그들은 그것이 타고난 기질과 떼려야 뗄 수 없는 관계라고 생각한다. 즉, 평범한 일을 비범한 방식으로 하는 것이야말로 천재적 기질이라는 은혜를 안고 태어난 인간의 특징이라고 생각하는 것이다.

하지만 절대로 천재임을 자처하거나 자신에게는 타고난 기질이 있다고 공언해서는 안 된다. 오히려 자신이 남보다 더 똑똑하다고 생각하지 않고, 열심히 배우면서 자신의 두뇌를 활발하게 쓰는 사람이야말로 더 양질의 삶을 살아간다.

천재는 자신의 천재성을 믿고 노력을 게을리할 수 있지만 평범한 사람은 자신의 평범함을 알기에 더욱 노력하는 삶을 살고 무언가 이루려는 삶을 살려고 노력한다.

나의 다짐

양질의 삶을 위해 내가 실천하고 있는 일로는

.... 이(가) 있다.

남보다 뛰어나고 싶다면

천재는
거대한 인내일 뿐이다.
- 뷔퐁

천재의 명예만큼 젊은 사람들이 동경하는 것도 없다. 특히 흐트러지지 않는 노력이나 깊이 파고드는 연구를 해야 할 때 인내심이 그다지 필요 없고, 별로 고생도 하지 않는다는 점에서 보통 사람들은 천재들을 부러워한다.

그러나 소크라테스 같은 진짜 천재는 "나와 타인의 지혜가 차이를 보이는 가장 크면서도 유일한 이유는 바로 나에게는 강한 인내력이 있다는 것뿐이다."라고 말했다.

어쩌면 당신에게는 뛰어난 두뇌와 건전한 판단력, 생생한 상상력, 사물을 바라보는 폭넓은 시각 등이 있을지도 모른다. 하지만 그것만으로는 누구든 천재라고 칭할 수 없다. 천재이지만 노력하지 않는다면 이미 천재가 아니다. 따라서 한결같이 노력하지 않으면 절대로 남보다 뛰어날 수 없다.

나의 다짐

남보다 뛰어나고 싶은 내가 가져야 할 덕목은

.... (이)다.

노력의 대가

승리는 가장
끈기 있는 자에게 돌아간다.
- 나폴레옹 보나파르트

앞으로의 인생에서 당신이 손에 넣는 것들은 모두 노력, 즉 필사적이면서도 방심하지 않는 노력의 결과가 대부분일 것이다. 당신을 격려해주는 친구, 도움이 되는 책과 스승, 그 밖에도 여러 가지의 지원이 있을 수 있다. 그러나 아무리 그렇다 해도 당신의 지혜를 단련해 나가는 것은 오직 당신 스스로가 할 수 있을 뿐이다. 아무도 당신을 대신해서 무언가를 달성해주지 않으며 당신의 삶을 대신 살아주지 않는다. 그리고 적어도 이 세상의 가치 있는 일들은 모두 노력의 대가라고 생각하면 된다.

인간의 위대한 업적은 늘 계속해서 노력하고 매진하고 힘쓰는 데에서 나타나는 법이다.

___나의 다짐

오늘 하루도 열심히 노력한 나에게 격려의 한 마디를 전하자.

노력하는 삶이 아름답다

신은 우리가 성공할 것을 요구하지 않는다.
우리가 노력할 것을 요구할 뿐이다.

– 마더 테레사

뛰어난 일에는 반드시 인내가 뒤따르는 법이다. 두뇌를 단련한 적도, 지식을 폭넓게 쌓은 적도 없는 사람이 우연히 이 세상의 꼭대기에 올라섰다면 그는 일시적으로 어설픈 빛을 발하고 있는 것이다.

우리가 무엇을 손에 넣기 위해서는 반드시 노력이 필요하다. 즉, 적어도 자신이 소유하거나 타인에게 제공할 가치가 있는 것들에는 모두 노력이라는 조건이 필요하다. 이 사실에는 결코 예외란 없다.

많은 사람들이 인생의 목표를 '성공'이라 말하지만 어쩌면 맹목적인 성공보다 일상생활에서 하루를 의미 있게 보내는 것이 목표여야 할지도 모른다. 인간의 위대한 업적은 보잘것없는, 그러나 계속해서 이어지는 노력의 산물인 것이다.

___ 나의 다짐

내 삶 속의 작지만 의미 있는 노력들로는

.... 이(가) 있다.

천재는 다른 길을 걷는다

광기 없는 위대한 천재는
있을 수 없다.
- 아리스토텔레스

대다수의 보통 사람들 중에도 천재적인 번뜩임을 나타내는 이들이 있다. 하지만 뭔가 새로운 사실을 발견하는 재능은 대중과는 다른 길을 선택한 사람에게서만 찾아볼 수 있다. 따라서 발명에 재능이 있는 사람은 천재로 평가받음과 동시에 때로는 괴짜 취급을 당하기도 한다.

이들의 창조력이 어디서 오는지는 수수께끼다. 영혼에서 비롯된 것인지, 아니면 광막한 우주에서 내려오는 것인지 아무도 모른다. 어쨌든 천재는 보통 사람들이 어중간한 지점에서 단념해 버리는 것을 창조적 사고와 색다른 탐구심을 발휘해 기적으로 만드는 힘을 지니고 있다.

'성공한 사람들의 가장 큰 특징은 실패한 사람들이 하지 않는 일을 하는 것이다'는 말도 있지 않은가. 성공자와 실패자는 어떻게 행동하는가가 다르다.

나의 다짐

내가 생각하는 성공자와 실패자의 기준은 무엇인가?

무조건 이겨야 한다는 마음

자신은 위험을 무릅쓰고 하지 않을 행동을
충동질하는 이를 조심하라.
- 호아킨 세탄티

'반드시 내 말이 옳고, 나는 꼭 1등이어야만 한다'는 마인드를 가진 사람들이 있다. 그러나 이런 마음을 품은 사람은 다른 사람을 기만해서라도 자신의 뜻을 관철시키려 하거나 속일 가능성이 다분하다. 그런 사람에게는 성실이나 예의 같은 룰 따위는 필요 없다. 타인을 자신의 입맛대로 대하기 때문이다. 그리고 상대의 일에 동참하기 위해 전략적으로 자신의 계획을 털어놓는 것 외에는 자신에 대해 철저히 숨긴다. 따라서 남의 시중을 들고 아첨하는 것이 특기지만, 막상 상대의 계획이 막다른 골목에 부딪칠 것 같으면 자신만 몸을 피해 살아남으려고 한다.
명심해야 할 것은 이렇게 얻은 결과는 오래가지 못할뿐더러 누군가 나서 그의 허물을 드러내고 폭로할 위험성이 크다는 점이다.

나의 다짐

이기적인 사람이 되지 않기 위해

.... 이것만은 피하겠다.

사색하는 힘

배우기만 하고 생각하지 않으면 얻는 것이 없고,
생각만 하고 배우지 않으면 위태로우니라.

- 공자

예전에는 현인들의 주요 추구 대상이었던 철학이 오늘날에는 사람들에게 인기가 시들해졌다. 요즘은 관념적인 철학보다 실생활에서 직접 부와 쾌락을 얻을 수 있는 것들이 각광을 받고 있다.

자유롭게 사색하기 위한 기술이나 지식을 얻기 위한 탐구에서 발견되는 즐거움은 점차 사람들에게서 잊히고 있다. 또한 이성, 관찰력, 신념, 직감이라고 하는 철학적 도구들은 세계가 한 개인의 삶을 유지하는 방식으로 나아가면서 우주 속을 바쁘게 돌고 있는 사이에 점점 녹슬어가고 있다.

그러나 철학이 고립되고 때로 멸시받는다고 해도 인간이 어떻게 지식을 얻고 진리를 배우느냐의 문제는 '사색하는 영혼에게 있어 늘 변함없는 양식'이고, 고귀한 마음의 기쁨이 더 소중하다는 사실을 잊어서는 안 될 것이다.

나의 다짐

하루 한 번, 자기 전 .... 분간 나를 돌아보고 사색하는 시간을 가져야겠다.

한쪽으로 치우쳐서는 안 되는 이유

양측의 의견을 듣기 전에는
결정을 내리지 마라.
- 포킬리데스

신은 지혜를 바탕으로 인간에게 신체 중 가장 중요하고 상처입기 쉬운 부위인 눈, 귀, 콧구멍, 팔, 다리를 쌍으로 주었다. 이 창조에 따르면, 쌍을 이루는 것은 매사에 치우치지 않아야 한다는 것을 의미한다. 즉, 그중 하나가 특별히 뛰어나다고 해도 한쪽만을 믿거나 한쪽만을 사용해서는 안 되는 것이다. 살기 위해서는 양쪽 모두 빠짐없이 사용하는 지혜가 필요하다.

키케로는 "인간이 그림을 그리고, 모양을 잡고, 조각하고, 음계를 끌어내는 것은 신의 축복이다."라고 말하며 이처럼 눈과 귀, 손 등 인간이 쌍으로 가진 것들에서 미학적 능력이 나오는 것이라 감탄했다. 그는 인간만이 가진 예술적 능력에 대해 깊은 찬양을 보낸 것으로 잘 알려져 있다.

나의 다짐

삶의 균형을 잡기 위해 내가 실천할 행동은

.... (이)다.

빛나는 매력을 키우기

그윽한 골짜기의 난초는 사람이 없다고 해서
향기 내기를 멈추지 않는다.

- 노자

자신의 매력이 무엇인지 알고 있다면 그 자질을 찾아서 발전시켜라. 이 것이 바로 사회에서 좋은 인간관계와 사화생활을 만드는 마법이다. 그리 고 이러한 매력을 무엇보다도 사람의 마음을 사로잡는 데 이용해 보자.

매력이 드러나면 하는 일마다 진지하게 비치며, 특히 아름다움과 결합 되면 더욱 부각되는 장점이 있다. 기회를 잘 잡을 줄 아는 사람은 이 점 을 잘 활용한다. 이는 마치 비옥한 토양에 비료를 뿌려 수확을 더욱 풍 성하게 하는 것과 같다.

사람의 마음을 사로잡는 인기와 동경은 이렇게 만들어지는 것이다. 풍 요롭거나 아름다운 자보다 더욱 빛나는 자는 자신의 매력을 알고 그것 을 찾아내서 적재적소에 활용할 줄 아는 사람이다.

나의 다짐

내가 생각하는 나의 매력은

.... (이)다.

내가 발전시키고 싶은 나의 매력은

.... (이)다.

인생은 겸손에 대한 수업

스스로 보이려 하는 자는 밝게 드러나지 않고, 스스로 옳다고 하는 자는 빛나지 않고,
스스로 자랑하는 자는 공이 없으며, 스스로 뻐기는 자는 대단한 것이 없다.

- 노자

남에게 자신의 업적에 대해 내세우고 과시해서는 안 된다. 대단한 일을 좀처럼 하지 않는 사람일수록 자신의 업적을 자랑하고 싶어서 안달하는 법이다. 이런 사람들은 극히 하찮은 성과를 마치 기적이라도 이룬 듯이 세상에 떠벌리는 우를 범하기도 한다. 타인을 격찬하는 말 속에서조차 자신의 자부심을 드러낸다.

자만은 반드시 비난을 이끌어 오게 되어 있다. 타인의 동경을 사겠다고 수탉처럼 시끄럽게 자랑만 늘어놓으면 상대의 감정만 나쁘게 할 뿐이다. 정말 빛나는 업적은 자랑을 필요로 하지 않는다. 당사자가 가만히 있어도 주위 사람들이 서로 전하는 것이 진짜 찬사이다.

자신이 뛰어난 업적을 이뤘다면 기쁨으로 삼고 가슴에 담아 두자. 그 공적을 마구 이야기함으로써 되레 비난을 받는 상황을 맞이하지 않으려면 말이다.

나의 다짐

자만심이 고개를 들 때마다 .... 하며

겸손한 마음을 가지도록 노력해야겠다.

SECOND

2

수없이 흔들리고

상처받는 나에게

현명한 사람은 더 큰 현명함을 찾는다

그 누구도 혼자서는
지혜로울 수 없다.
- 플라우투스

자신의 이야기가 상대에게 통하지 않거나 상대가 자신의 이야기를 흘려들으면 사람은 누구나 욕구 불만에 빠져들게 된다. 총명한 사람의 무게감 있는 칭찬은 수많은 사람의 박수갈채보다 더 힘이 나는 법이다. 따라서 현명한 자의 의견과 덕망 있는 자의 확실한 판단을 귀담아 들어야 한다. 인생을 의미 있는 것으로 만들고 싶다면 그런 친구를 찾아 존경하도록 하라. 그들의 칭찬은 삶의 마지막 순간까지 당신에게 만족감을 가져다줄 것이다.

현명한 자는 더 큰 현명함을 추구한다. 플라톤도 아리스토텔레스를 유일무이한 제자로 삼지 않았던가. 반면, 통찰력이 부족한 자는 평범한 사람을 친구로 삼고 현명한 사람을 멀리한다. 왕도 역사를 기록하는 작가에게는 명민함을 요구하는 법이다. 즉, 무적의 왕에게 역사를 기록하는 작가의 펜은 못생긴 여성에게 화가의 붓 이상으로 두려운 존재였다.

나의 다짐

내가 존경하는 현명한 친구는 .... (이)며,

인상적이었던 그의 판단은 .... (이)다.

장점을 발견하기

어떤 것에서든 장점을 발견하라. 어떤 것에든 장점이 존재하니 찾고자
한다면 언제 어디에서든 발견할 수 있을 것이다. 반면, 불만에 사로잡힌
자는 천 개의 좋은 것에 둘러싸여 있어도 마치 독수리처럼 사람의 마음
이나 의도에서 단 하나의 결점만을 들춰낸다. 티끌 같은 타인의 과오를
긁어모음으로써 우월감을 느끼고 비뚤어진 기쁨을 맛보려는 것이다. 이
처럼 자기 무덤을 파고 타인의 결점을 들춰내는 사람을 피하라. 결국 자
신이 큰 구덩이에 빠지고 말 테니 말이다.

천 개의 악에 둘러싸여 있어도 단 하나의 선을 찾아낼 수 있는 사람이
되어야 한다. 선량한 사람은 늘 좋은 것을 만나게 되어 있기 때문이다.

나의 다짐

오늘 발견한 타인의 장점으로는

.... 이(가) 있다.

감정에 굴복하지 않기

외부의 영향에 좌우되고 싶지 않다면
먼저 자기 자신의 감정부터 초월해야 한다.

- 사무엘 존슨

지식이 풍부하면 형식적인 것에 만족할 수 없듯, 지혜가 몸에 밸수록 참을 수 없는 경우가 많아진다. 사람은 특히 믿는 상대에게 더 조급해 하고 급한 성격을 드러낸다. 그러나 감정에 굴복하면 어리석은 사람과 다를 바 없다. 생각대로 되지 않는다고 이성을 잃는 것은 어리석은 사람이라는 증거이다.

흥분했을 때 고삐를 당기는 법을 몸에 익혀 둔다면 안 좋은 일에 휩쓸려도 침착하고 냉정하게 대응할 수 있다. 이렇게 자제력을 키우는 훈련을 반복적으로 하면 누구나 자기 통제를 몸에 익힐 수 있다. 그러므로 타인에게 화를 잘 내는 사람은 먼저 자기반성을 한 뒤 자기 자신과 마주 서서 어디까지 참을 수 있는지를 시험해 보는 것이 많은 도움이 될 것이다.

나의 다짐

타인과의 관계에서 이성을 잃지 않으려면

해야겠다.

시야를 넓히기

인생은 겸손에 대한
오랜 수업이다.

- 제임스 배리

자신만이 배운 사람이라고 믿는 것만큼 어리석은 일도 없다. 이는 마치 가시가 있는 줄도 모른 채 장미 정원에 살고 있는 것과 같으며, 또한 우물 안의 개구리처럼 하늘이 작은 원만 하다고 믿는 것이나 마찬가지다. 이런 사람은 자신이 수많은 사람 가운데 한 명임을 깨닫지 못한 채 타인을 모두 업신여기기 때문에 넓은 시야를 갖지 못하는 무지몽매한 인간이 되기 쉽다.

현명한 자는 현명하게 보이는 정도로는 충분하지 않다는 점을 잘 알기에, 자신도 모르는 것이 있다는 사실을 넌지시 비추는 태도를 보인다. 그러면 여러 사람에게 더 쉽게 인정받을 뿐 아니라, 더 큰 존경을 얻게 된다. 어리석은 사람들이 많은 이 세상에서 자신의 완전함을 아무렇지 않게 부정하는 것이야말로 자신을 좀 더 현명하게 보이도록 하는 방법이다.

나의 다짐

현명한 사람이 되기 위해 내게 필요한 태도는

.... (이)다.

말은 안개와 같다

말이 아니라
행동이 나를 대변할 것이다.
- 존 플레처

어느 시대에나 태생이나 종교에 관계없이 자유, 사랑, 고상함 등에 대해 교훈을 남긴 위대한 인물들이 존재했다. 이러한 성인이나 위대한 지도자들을 칭송하라. 바로 이런 인물들의 소리에 귀 기울이면 세상을 뒤덮은 부덕을 조금이라도 없애며 살아갈 수 있을 것이다.

많은 사람들이 영웅을 자처하지만, 결국 아무런 성과도 남기지 못한 채 사라져 버리곤 한다. 대다수의 사람에게 인정받는 공적이 없다면 그들이 내뱉은 말들은 모두 안개와도 같다.

말을 하기에 앞서 사람들이 인정할 만한, 자신 스스로도 대견해 할 만한 업적을 이루는 것이 먼저다. 말은 그 후에 덧붙여도 늦지 않다.

___ 나의 다짐
앞으로 내가 이룩하고자 하는 업적은

.... (이)다.

말썽을 일으키는 두 부류

어진 사람을 보면 그와 같이 되기를 생각하고,
어질지 않은 사람을 보면 속으로 스스로 반성하라.
- 공자

세상에는 말썽을 일으키는 두 부류의 사람들이 있다. 속된 사람들이 한 부류이고 나머지는 매우 오만한 사람이다.

속된 사람은 말하는 것에도 분별력이 없고, 어떤 사람에게든 트집을 잡으려고 한다. 그들은 무지한 거짓의 옹호자이기도 하다. 게다가 자신의 행동이 남들로부터 무시를 받을까 두려워하고, 자신이 가진 것들을 써먹지 못할까 봐 전전긍긍한다. 스스로 걱정과 고민을 만드는 것이다.

오만한 사람은 자신을 무조건 남들보다 치켜세우고, 작은 성취에도 우쭐하는 경향이 크다. 그러니 이런 부류의 사람과는 관계를 맺지 않도록 조심해야 한다. 속된 사람과 어울려 있으면 위엄을 갖추고 있어도 평판에 흠집이 가게 마련이다. 그들이 무슨 말을 하든 귀 기울이지 말고, 무엇을 생각하고 있는지도 신경 쓰지 마라.

___나의 다짐

말썽을 일으키는 사람들을 보며 반성하게 되는 나의 행동은

.... (이)다.

행복과 불행은 한 끗 차이

나의 기쁨은 작은 임무라도
위대하고 고귀한 임무인 듯 완수해 나가는 것이다.
- 헬렌 켈러

모든 것을 손에 넣으면 희망이 없어져 버리는 아이러니를 경험해 본 적이 있는가? 인간은 약간의 욕심을 남겨 두어야만 늘 호기심이 넘치고 희망을 꿈꿀 수 있다. 그리고 최종 목표를 늘 동경할 수 있도록 목표를 향한 등정은 신중하면서도 주도면밀하게 해 나가야 한다.

마찬가지로, 타인의 친절이나 도움에 보답하는 경우에도 한 번에 감사함을 다 표현하는 것보다 시간을 들여서 조금씩 몇 번에 나누어 하는 것이 상대의 기억에 더 오래 남으므로 더욱 현명한 처사다.

우리의 바람과는 다르게 모든 것이 손에 들어왔을 때 그때서야 비로소 온갖 걱정이 시작된다. 소망이 전부 이뤄졌을 때 두려움이 시작된다. 이런 상황은 행복이라기보다 가장 큰 불행일지도 모른다. 그러니 작은 것에도 만족할 줄 아는 지혜를 갖는 것이 불행을 행복으로 만드는 지름길이다.

나의 다짐

내 삶의 최종 목표는 무엇인가?

풍족하면 적이 생기는 법

질투심 많은 사람은
이웃 사람들이 살이 찔 때 마르게 된다.
- 호라티우스

명품을 소유하는 것은 한 번쯤 생각해 볼 문제다. 명품을 가지면 처음에는 기분이 좋고 기쁨이 크지만 결국 그 감정도 곧 사라지며, 그것을 구경하는 타인들만 부러움을 느끼고 시기 질투하게 만들 뿐이다. 말하자면 명품은 자신보다 타인이 갖고 있을 때 더 즐거운 법이다.

부유한 사람의 소유물은 순식간에 다른 재산과 동급으로 취급되어 소유한 보람이 없어지고 만다. 그래서 타인에게 칭찬받지 않으면 그것이 있다는 사실조차 잊곤 한다. 반면, 타인이 소유한 명품은 2배 이상의 즐거움을 준다. 왜냐하면 가끔 만날 때만 명품의 매력을 맛볼 수 있어 늘 신선한 느낌으로 감상할 수 있기 때문이다.

내가 가진 물건들이 때로는 투기나 반감을 살 수도 있다는 점을 반드시 명심하라. 물질적으로 지나치게 풍요로우면 진정한 친구보다 숨어 있는 적이 더 많이 생길 수 있다.

나의 다짐

남의 소유를 질투하게 될 때면

.... 을(를) 되새기며 마음을 다스려야겠다.

심사숙고한 결정은 좋은 결과를 부른다

시간은 차갑게 식혀주고, 명확하게 보여준다.
변하지 않은 채 몇 시간이고 지속되는 마음의 상태는 없다.
- 마크 트웨인

누군가와 거래를 할 경우에는 상황을 정확히 판단하는 의미에서 재고의 시간을 갖는 등의 안전 대책이 필요하다. 특히 자신의 생각대로 일이 진행되지 않을 것 같은 경우, 처음의 판단을 유보해야 하는지, 밀고 나아가야 하는지를 시간을 갖고 심사숙고해야 한다. 시간을 가짐으로써 결단에 도움이 되는 새로운 정보를 얻을 수도 있기 때문이다.

사람은 누구나 뭔가 주어졌을 경우 심사숙고해서 결정을 내리는 것이 순식간에 결정을 내리는 것보다 더 중요하고 의미 있다고 생각한다. 상대의 부탁을 거절해야 하는 경우에도 시간을 좀 가지면 능숙하게 거절할 수 있는 방법을 찾을 수 있다.

불안한 마음을 안고 성급하게 일을 처리해 버리는 사람은 이제부터 시간을 갖고 심사숙고하는 습관을 갖도록 하자. 그럼 뜻밖의 행운이 찾아올지도 모른다. 심사숙고가 도움이 되지 않는 경우는 별로 없으니 말이다.

나의 다짐

주어진 일을 정확히 판단하기 위해

.... 습관을 가져야겠다.

훌륭한 인간을 만드는 세 가지

네 믿음은 네 생각이 된다. 네 생각은 네 말이 된다.
네 말은 네 행동이 된다. 네 행동은 네 습관이 된다.
네 습관은 네 가치가 된다. 네 가치는 네 운명이 된다.

– 마하트마 간디

훌륭한 인간을 만드는 요소에는 세 가지가 있다. 풍요로운 마음, 깊은 이해력, 취미가 그것이다.

풍요로운 마음은 좋은 기회를 잡을 수 있는 천부적 재능이다. 그리고 사람 사이의 관계를 부드럽고 여유 있게 만들어준다. 깊은 이해력은 어떤 상황에서든 무엇이 가장 유익한지를 간파하는 능력이며, 인간관계에서도 남을 이해함으로써 상대에게 좋은 인상을 심어줄 수 있다. 취미는 좀 더 가치 있는 인생을 살아갈 수 있는 수단이 되어준다.

사람은 나이가 들수록 자신이 나이에 지배되고 있다는 사실을 깨닫게 된다. 20대에는 욕심, 30대에는 타산, 40대에는 분별력, 그리고 이것이 지나면 지혜 있는 경험의 지배를 받게 된다. 이런 점을 감안한다면, 훌륭한 자의 신발이 누구의 발에나 다 맞는 것은 아니지만, 가능한 한 그 신발을 신고 걸어 보는 노력 정도는 키울 수 있어야 하겠다.

나의 다짐

훌륭한 사람을 만드는 세 가지 중 내게 가장 필요한 덕목은

.... (이)다.

<u>오늘 하루를 제대로 살기 위해 노력하자</u>

하루하루가 쌓여 당신이 된다는 사실을 기억하라.
오늘 하루를 어떻게 보내느냐가 당신의 미래를 결정짓는다.

인 생 다 짐

지식보다는 생각하는 습관을 들이기

생각이 있는 사람 한 명은
생각이 없는 사람 열 명을 상대해도 항상 이길 수 있다.
- 조지 버나드 쇼

교육의 가장 큰 목적은 두뇌를 단련하는 것이다. 누구라도 좋으니, 두뇌를 단련해 본 적이 없는 사람을 앉혀 놓고 어떤 문제를 '철저히 끝까지 생각'하도록 시켜 보자. 아마 그는 자신의 사고를 그 문제에 집중시킬 수 없음을 곧 깨달을 것이다. 즉, 문제에서 벗어나 터무니없는 것들을 생각하기 시작하는 것이다. 얼떨결에 혼란스러운 생각들을 가다듬은 뒤 정신 차려서 주의를 집중해야겠다고 마음먹지만, 무의식중에 다시 문제에서 벗어나 버린다. 이런 과정을 몇 번 반복하다가 결국 자신에게 실망하고 단념하든가, 아니면 그냥 잠이 들고 만다.

따라서 젊은 시절에는 광대한 지식을 축적하기보다 장래에 도움이 될 수 있도록 '생각하는 법'을 단련하는 것이 중요하다. 지식의 창고는 채우면 가득해지기 마련이므로 준비 기간에 그렇게 기를 쓰면서까지 채울 필요가 없다. 나중에 지식의 창고를 채울 수 있도록 젊은 시절에는 지식의 창고를 넓히고 정리하는 일에 집중하는 것이 필요하다.

나의 다짐

어떠한 상황이 닥쳤을 때, 나만의 '생각하는 방법'은

하는 것이다.

습관 쌓기는 인내심 싸움

습관은 창밖으로 던져 버릴 수 있는 것이 아니라
구슬려 한 번에 한 계단씩 내려오게 해야 하는 것이다.
- 마크 트웨인

'세 살 버릇이 여든 살까지 간다'는 속담이 있다. 이는 한 번 몸에 붙은 습관은 쉽사리 바뀌지 않는다는 의미다. 그러니 처음부터 올바른 습관을 가질 수 있도록 젊어서부터 노력한다면 좀 더 쉽게 좋은 습관을 만들 수 있다.

만약 자신이 잘못된 습관을 가지고 있다면 정해진 시간, 정해진 장소, 정해진 방식에 따라 좋은 습관을 반복적으로 행동함으로써 서서히 변화시킬 수 있다. 하루아침에 습관을 바꾸거나 새로운 습관을 쌓는다는 것은 거짓말이다. 습관이라는 것 자체가 일정한 기간 동안 반복되어 온 일을 체계화한 것이기 때문이다.

중간에 실망하고 포기하지만 않는다면 누구나 좋은 습관을 가지며 살 수 있다. 그러면서 인내심을 기를 수도 있을 것이다.

나의 다짐

습관을 바꾸기 위해 가져야 할 마음가짐은

.... (이)다.

정신일도 하사불성

언제나 현재에 집중할 수 있다면
행복할 것이다.
- 파울로 코엘료

정신을 집중하여 노력하면 어떤 일이든 이룰 수 있다. 그러니 주의집중을 제1의 목표로 삼아라. 이것을 잘하는 사람은 이미 큰 고난을 극복하고 있는 셈이다. 반면, 그렇게 하지 못하는 사람은 어떤 분야에서든 성공을 원하지만 결국 실패로 끝나고 말 것이다.

성과를 올리고 뭔가 결과를 얻어내기 위해서는 반드시 정신 집중이 필요하다. 만일 당연한 것만을 생각하고 있어야 할 때 다른 것들이 머릿속을 헤집고 다니면 생각은 분산되고, 이도저도 아닌 쓸모없는 잡생각들만 쏟아진다. 마찬가지로, 욕망이나 감정에 휘둘려도 주의집중이 원하는 대로 되지 않는다. 따라서 눈앞의 문제에만 완전히 몰입해서 그 이외의 일은 전혀 돌아보지도 않는 상태가 될 수 있도록 정신력을 길러야 할 것이다.

_나의 다짐_

지금 내가 제일 집중해야 할 일은 .... (이)다.

과연 나는 이 일에 집중하고 있는지 돌아보자.

욕망에 지배받지 않는 삶

한 개인의 강인함은
그가 억누르는 감정의 힘으로 판단된다.
- 윌리엄 칼튼

욕망의 지배를 받는 사람 가운데 자기 자신의 의무를 정확히 다 해내는 사람은 거의 없다. 좋은 의미에서의 욕망은 열정을 불러일으키지만 나쁜 의미에서의 욕망은 자신이 느낀 야욕이나 욕구를 채우기 위해 무언가를 빼앗고자 하거나 탐하는 행위이다. 따라서 부정적인 의미에서의 욕망에 지배받지 않도록 늘 자신을 단련해야 한다.

그리고 외부적인 사람들에게 지배를 받고 싶지 않다면 먼저 자신의 감정에 휘둘리지 않는 법을 배우는 게 중요하다. 어떤 일을 하든 남의 시선이나 말에 신경 쓰지 않고 자신이 가고자 하는 방향으로 집중하는 사람이 자신의 목표를 놓지 않고 끝까지 원하는 결과를 만들 수 있기 때문이다.

나의 다짐

나쁜 욕망이 머리를 들 때마다

.... 을(를) 통해 나를 제어하겠다.

탁월한 집중력은 보통 사람도 천재로 만든다

햇빛은 한 초점에 모아질 때
불꽃을 일으키는 법이다.
- 알렉산더 벨

라틴어나 그리스어의 단어들은 매우 비슷해서 혼동하기 쉽고 외우기도 어렵다. 그래서 같은 단어를 열 번 이상 찾는 경우가 흔하다. 이때는 마치 이름을 알았었는데 도저히 떠오르지 않는 사람을 만난 것처럼 그 단어를 하염없이 응시하게 된다.

이런 현상이 자꾸 생기는 이유는 그 단어를 완전히 자신의 것으로 만들지 못했기 때문이다. 아마도 예전에는 그 단어를 외울 수 있었을지도 모른다. 그 단어를 처음 접했을 때 머릿속에 그 단어가 그림자처럼 그냥 스쳐 지나가지 않았으면 말이다.

탁월한 집중력을 가지면 보통 사람도 천재가 된다. 보고 듣고 느끼는 모든 것을 집중해서 저장할 수 있다면 상상력과 관찰력이 높아질 뿐만 아니라 자신감을 얻을 수도 있으며 창의력을 발휘하는 데에도 큰 도움이 된다.

나의 다짐

하루 .... 분, 내가 감각하는 모든 것에

집중하는 시간을 가져야겠다.

집중력은 자신감과 갈망의 합작품

내가 성공할 수 있었던 것은
맹렬히 일에 몰두했기 때문이다.

– 코코 샤넬

데모스테네스가 어둑어둑한 동굴 속에서 연구했다는 일화는 유명하다. 그가 일부러 그렇게 한 이유는 틀림없이 주의집중이 힘들었기 때문일 것이다. 또 하나의 예로, 눈을 사용할 수 없게 된 사람이 어느 순간 뛰어난 두뇌의 능력을 발휘해 생각지도 못한 일들을 해내는 경우도 있다.

아놀드 파머는 "집중력이란 자신감과 갈망이 결합해서 생긴다."고 말했다. 그의 말처럼 놀라운 집중력을 발휘하기 위해서는 적당한 갈망과 본인 스스로의 자신감이 있어야 한다. 그래서 장소를 바꾼다든지 공부하거나 일하는 환경에 변화를 줌으로써 어떻게든 집중할 수 있는 기회를 늘리는 것이다. 한 번 들뜬 주의력을 자신에게 종속시킬 수 있다면 다음부터는 좀 더 쉽게 집중할 수 있게 될 것이다.

나의 다짐

주의력이 들뜬다면, 다시 집중하기 위해

.... 하겠다.

우정을 오래 유지하는 방법

사탕 발린 칭찬이 아닌
분별 있는 애정의 증표로 친구를 사귀어라.
- 소크라테스

곁에 있으면 좋은 친구와 떨어져 있는 것이 좋은 친구가 있다. 곁에 있는 친구는 언제 만나도 스스럼이 없고 자연스러운 반면, 떨어져 있어야 우정이 오래 지속되는 친구는 서로의 결점을 보고 싶지 않고 가끔 봐야 더 즐거운 시간을 보낼 수 있는 경우이다. 우정의 종류는 다양하지만, 최고의 친구는 의심의 여지없이 경험이 풍부한 친구이다. 때로는 따끔한 충고를 들어야 할지라도 말이다.

우정을 유지하는 것은 새로운 친구를 만드는 것보다 더 중요하다. 좋은 친구관계를 유지하는 방법은 의외로 간단하다. 당신과 맞지 않는다고 생각되면 만나지 않는 것이 좋고, 잘 맞는 사람과 사귀면 된다. 사람은 저마다 성격과 가치관에 따라 맞는 친구가 있고 맞지 않는 친구가 있다. 그것을 인정하면 친구관계가 편해진다.

오래 계속되는 우정은 만족감을 줄 뿐 아니라 사람을 고무시키는 힘도 갖고 있다. 그러므로 처음에는 조금 어색해도, 오래 계속 갈 수 있는 친구를 찾도록 하자.

나의 다짐

내가 가장 중요하게 여기는 친구의 조건은 무엇인가?

사람을 간파하는 재능

구직을 위해 면접시험을 보는 응시자는 면접관의 질문에 대비한 태세를 갖춘다. 면접은 선전포고가 없는 기싸움이나 마찬가지다. 응시자의 기민함에 면접관은 신중함으로 대항한다. 면접관은 응시자에게 어떤 대답을 얻기 위해 질문을 던질 수밖에 없다. 그리고 그 대답을 판정하는 능력을 갖추고 있어야 한다.

광물이나 채소의 구성 성분보다 한 사람의 성질을 파악하는 것이 훨씬 어려운 일이다. 게다가 이는 무척 미묘한 일이어서, 금속은 때려 보면 그 성질을 알 수 있지만 사람은 상대가 말하고 행동하는 것으로 그의 성질을 짐작할 수밖에 없다.

그러나 그 속에서도 상대방을 간파할 수 있는 재능을 가졌다면 그것은 이루 헤아릴 수 없는 대단한 능력임에는 틀림없다. 상대를 올바르게 파악하고 좋은지 나쁜지를 판단할 수 있다면 특별한 관찰력과 이해력이 있다는 의미이기 때문이다.

나의 다짐

사람을 올바르게 파악하기 위해

.... 을(를) 먼저 살펴야겠다.

좋은 평판은 최고의 보물

나는 과거를 생각하지 않습니다.
중요한 것은 끝없는 현재뿐이지요.
- 윌리엄 서머셋 모음

명예는 불과 같아서 일단 불이 붙으면 그 불꽃을 유지하기가 비교적 쉽지만, 불씨가 꺼지고 나면 그 불꽃을 다시 살리기가 매우 어렵다. 그래서 지나치게 명예와 성공만을 위해서 사는 삶은 자칫 내리막이 쉽게 찾아올 수 있다.

높은 명예보다는 좋은 평판을 얻는 일에 몰두하라. 좋은 평판을 쌓는 방법은 당신이 사람들에게 보여주고 싶은 모습을 갖추기 위해서 노력하는 것이다. 그리고 한 가지 다행인 점이 있다면 평판은 제아무리 수치스러운 일을 했다 하더라도 대개의 경우 스스로의 힘으로 평판을 다시 세울 수 있다는 점이다.

좋은 평판을 쌓고 갖는 일은 무엇을 얻는 것보다 값진 일이며 인생에 있어서 최고의 보물이다.

나의 다짐
내가 쌓고 싶은 평판은

.... (이)다.

논쟁의 요령

적이 당신을 겁주기 위해 사용하는 방법이 무엇인지 관찰하면
적이 가장 두려워하는 것이 무엇인지를 발견할 수 있다.
– 에릭 호퍼

논쟁의 요령은 알아두면 유용하게 쓰일 수 있다. 이는 자신이 농락당하는 일 없이 상대를 넘어오게 하기 위한 탐구의 기술이자, 상대를 위축시키는 특수한 대화의 기술이다.

상대의 마음을 세심하게 살피면 예상외의 의도가 나타나기 마련인데 그 의도에 빗대어 말함으로써 상대의 입으로 본심을 말하도록 유도할 수 있다. 좀처럼 마음을 열지 않는 상대라도 이쪽에서 먼저 조심스러운 태도를 유지하고 분위기를 잡으면 서서히 경계심을 풀면서 진심을 토로하기 시작한다. 따라서 알고 싶은 사실이 있을 때는 조금 의심하는 척하기만 하면 된다. 그럼 상대는 내 생각대로 놀랄 만큼 무방비 상태가 된다. 그 틈을 이용해 상대를 어떻게 구슬리느냐에 따라 내가 원하는 결과를 얻게 되는 것이다.

나의 다짐

논쟁에서 유리한 입지를 이끌어내고자 내가 사용하는 방법은

.... (이)다.

좋은 인간관계를 유지하자

상대의 말에
귀를 기울이고
작은 친절을
베풀어 보자.
당신의 인간관계가
조금은
개선될 것이다.

늘 신뢰할 수 있는 친구

등 뒤로 불어오는 바람, 눈앞에 빛나는 태양,
옆에서 함께 가는 친구보다 더 좋은 것은 없으리.

- 에런 트림블

발타자르 그라시안은 "친구를 갖는다는 것은 또 하나의 인생을 갖는 것이다."라는 말을 했다. 친구로 인해 서로 함께하는 법을 알게 되고 나누는 것이 많을수록 배우는 점도 많다는 것을 의미한다. 늘 행복을 빌어주고 기도해주는 친구에게는 예절과 경의와 이해를 보여주어라.

그리고 매일매일 좋은 친구를 만드는 노력을 게을리하지 마라. 친밀하지 않아도 진심으로 관심을 가져주는 상대가 있다는 것만으로도 큰 행복이다. 편안한 만남으로 시작해 이윽고 신뢰할 수 있는 친구가 되는 가장 기본적인 방법이다.

내가 먼저 받으려고 하기 전에 상대에게 무언가를 내어주는 것은 가장 안전한 우정의 표현법이다. 그리고 가장 진실한 친구를 사귈 수 있는 방법이기도 하다.

나의 다짐

좋은 우정을 유지하기 위해 나는 어떤 노력을 기울이고 있는가?

가장 중요한 한 가지

자신의 능력을 숨길 수 있는 것은
대단한 능력이다.
- 라 로슈푸코

사업이나 예술의 세계에서 정상에 섰다면, 발밑을 낚아채이지 않도록 주의해야 한다. 당신의 지위를 가로채기 위해 호시탐탐 노리고 있는 자에게는 모든 정보를 다 주어서는 안 된다. 즉, 당신을 눈에 띄게 하는 특권 하나쯤은 남모르게 지켜 나가야 하는 것이다.

명의라 불리는 의사들은 자신이 아끼는 제자에게도 자신이 가진 미묘한 기술까지는 가르치지 않는다고 한다. 그러나 기술 전수에도 요령이 있듯, 당신의 업적을 가로채서 무임승차하려는 사람들의 접근을 막기 위해서는 어느 정도 담장이 필요하다. 그래야만 자신의 명성을 지켜 나가면서 타인의 신뢰도 얻을 수 있다.

한마디로 속마음을 모두 털어놓지 않는 것이 인생에서 가장 중요한 한 가지 철칙이다.

나의 다짐

나는 내가 가진 정보의 .... % 정도를 남에게 털어놓는다.

내가 생각하는 이상적인 퍼센트는 .... %이며, 앞으로 이 상태를 유지하려 노력하겠다.

사랑해서도 미워해서도 안 된다

행복한 삶의 비밀은 올바른 관계를 형성하고
그것에 올바른 가치를 매기는 것이다.

- 노먼 토머스

속마음을 알 수 없는 친구는 내일이라도 적이 될 수 있다는 마음으로 사귀어야 한다. 그리고 언젠가 그것이 현실이 되어도 당황하지 않도록 미리 마음의 준비를 해두어야 한다. 상대가 우정을 버렸을 경우 그가 유리해질 수 있는 무기 같은 것을 그에게 주어서는 안 된다. 한마디로, 사랑에도 증오에도 제어 장치가 필요하다.

그러나 아무리 적이라고 해도 화해의 문은 가능한 한 크게 열어두는 것이 좋다. 과거의 원한이 현재에서 고통의 씨앗이 된다는 점도 명심해야 한다. 또한 시간이 약이라고, 적이 이전의 오해를 새로운 마음으로 다시 바라보게 되는 경우도 있다.

사람은 지나치게 믿고 의지하거나 대놓고 증오해서는 안 된다. 그저 상대의 있는 그대로를 존중하고 바라보아야 한다. 그래야 다툼이 적고 스트레스가 생기지 않는다.

나의 다짐

친구가 적이 된 경험이 있다면 그 이유가 무엇인지, 어떻게 대처했는지 곱씹어 보자.

조언에 관대해지기

모든 언행을 칭찬하는 자보다
결점을 친절하게 말해주는 친구를 가까이 하라.
- 소크라테스

남의 조언을 말머리에서 딱 잘라 무시해 버리는 사람은 자신의 성장과 발전을 스스로 막는 꼴이다. 이런 유형의 사람은 주변에서 굳이 결점이나 문제점에 대해 개선할 수 있도록 도와주려고도 하지 않기 때문에 결국 혼자서 되는 대로 인생을 살아가게 된다. 이들에게는 결점을 알려주거나 충고를 해주는 진정한 친구를 받아들일 마음의 여유조차 없다.

남의 조언에 귀를 기울여라. 친구와의 신뢰 관계를 키워라. 개선이 필요하지 않은 완벽한 인간은 이 세상에 없다. 늘 믿고 의지할 만한 사람을 마음속의 거울로 삼고 거기에 자신의 모습을 비추어, 잘못되었을 때에는 의견을 구하고, 문제에 직면했을 때는 지도를 청할 수 있어야 한다. 듣는 귀를 갖지 않는 사람은 어디서도 자신을 위한 조언의 선물을 받지 못한다.

나의 다짐

나는 상대방의 조언을 잘 받아들이는 편인가? ....

그렇지 않다면 내가 가져야 할 태도는 무엇인가? ....

좋은 친구

풍요 속에서는 친구들이 나를 알게 되고,
역경 속에서는 내가 친구를 알게 된다.
- 존 콜린스

열매를 맺는 친구 관계도 있지만, 열매를 수확하기에 부족한 가벼운 관계도 있다. 전자는 우리의 인생을 풍요롭게 해주는 반면, 후자는 그때뿐인 유흥과 쾌락만 남길 뿐이다.

요즘처럼 야심적인 세상에서는 인격보다 사회적 지위에 의해 친구가 선택되는 경우가 많다. 그러나 시련을 거쳐 남는 사람이 가장 좋은 친구이다. 그들은 좋은 기회를 노려서 상대의 지위 덕을 보려는 측근이 아니라, 욕심보다 양심에 의해 선택한 친구이다.

친구를 선택하는 문제는 인생의 중대사 가운데 하나임에도 깊이 고민하지 않는 사람들이 너무 많다. 그저 만나서 즐겁다는 정도로는 친구라고 말할 수 없다. 상대의 됨됨이를 보고 사귀기보다, 단순한 말동무 상대로 여기는 경우도 있기 때문이다.

나의 다짐

좋은 친구를 선택하는 나의 기준은

.... (이)다.

내가 먼저 좋은 벗이 되기

만약 누군가를 당신의 편으로 만들고 싶다면,
먼저 당신이 그의 진정한 친구임을 확신시켜라.

– 에이브러햄 링컨

법정 스님은 "친구 사이의 만남에는 서로 영혼의 메아리를 주고받을 수 있어야 한다."고 했다. 영혼의 진동이 없는 만남은 만남이 아니라 한때의 마주침일 뿐이라고 말이다.

한 명의 좋은 친구가 해주는 이해는 인생에서 만나는 다른 모든 사람의 호의보다 유익하다. 어리석은 사람은 친구에게 무거운 짐을 지우는 일밖에 할 줄 모르지만, 현명한 친구는 그 무거운 짐을 함께 덜어내는 방법을 알고 있다.

좋은 친구를 만나려면 먼저 나 자신이 좋은 친구가 되어야 한다. 왜냐하면 친구라는 것은 나의 요청에 의한 응답이기 때문이다.

나의 다짐

나는 좋은 친구를 만나고자

.... 노력을 기울이고 있다.

사교의 법칙

부드러운 자만이
언제나 진실로 강한 자다.
- 제임스 딘

완벽한 사교술을 몸에 완벽히 익히고 있는 사람은 거의 없다. 하지만 간혹 훌륭한 인물과 만날 때는 잡담에 시간을 쓰는 것이 금물이라는 사실은 직관적으로 알 수 있다. 큰 인물은 항상 확신에 차 있기 때문에 단도직입적으로 이야기하고 싶어 하기 때문이다. 또한 식견이 있는 사람은 적을 나쁘게 말하지 않을 뿐 아니라 오히려 적에게 더 후하게 대한다. 상대를 꼼짝 못하게 하는 대신, 뜻밖의 관대한 태도를 보이기도 한다.

또한 사교의 명수가 되면 적의 모욕을 유머로, 부정을 긍정으로 바꾸어 상대를 깜짝 놀라게 함으로써 신뢰하지 않을 수 없도록 만든다. 그런 사람들은 이 능력이 그들 스스로가 가진 장점의 결과물이라고 생각하지만, 그들은 이것을 조심성으로 감싼다. 사교를 잘하는 사람은 이처럼 부정적인 관계를 긍정적으로 바꾸고 모욕을 유머로 받아들이는 여유가 있다.

나의 다짐

사교술을 몸에 완벽히 익히기 위해

.... 해야겠다.

가치 있는 기술

상처는 잊되,
은혜는 결코 잊지 말라.
- 공자

조반니 과레스키는 "모욕을 주는 사람은 모래 위에 글을 쓰는 것 같지만, 그 모욕을 받은 사람에게는 청동에 끌로 판 것처럼 오랫동안 마음에 새겨진다."고 말했다. 누군가에게 모욕적인 말을 들으면 누구나 기분이 상하고 상처를 받는다. 그러나 모욕을 받았다고 해서 되돌려주려는 것은 나에게도 상대방에게도 더 큰 상처를 남길 수 있다. 그러니 오히려 피하는 편이 스트레스를 적게 받는다.

서로 당기기만 하려는 상대를 아군으로 끌어들임으로써 당신의 명예를 해치기보다 오히려 칭송하게 만드는 일은 인생에서 만드는 하나의 쾌거이다.

상대에게 은혜를 베풀면 혀끝의 독도 감사로 바뀌게 된다. 이런 인생의 깊은 뜻을 헤아리고 실천한다면 악의를 신뢰로 탈바꿈하는 것은 시간 문제다. 그만큼 몸에 익혀둘 가치가 있는 기술이다.

나의 다짐
내가 익혀야 할 가치 있는 대인관계 기술은

.... (이)다.

슬기롭게 베풀기

작은 일로부터
종종 위대한 업적이 시작된다.
- 데모스테네스

은혜를 베풀 때는 상대가 갚을 수 있는 적정 범위에서 주어야 한다. 은혜도 도를 넘어서면 강매가 되기 때문이다. 상대로 하여금 책임감과 부담감을 느끼게 하는 것은 그 상대방을 잃는 지름길이다. 상대는 책임감과 부담감에서 벗어나기 위해 당신에게서 떨어져 나가는 것이 방법이라고 생각할 뿐 아니라, 때에 따라서는 적으로 간주하게 되는 경우도 있기 때문이다.

따라서 어마어마한 것을 주겠다는 생각은 버리고, 상대가 진정 바라고 중요시 여기는 것을 주기 위해 애써라. 이것이 상대에게 무엇인가를 베푸는 현명한 방법이다. 은혜는 조금씩, 꾸준히, 성실하게 베푸는 것이 가장 좋다.

나의 다짐

최근에 과도한 은혜를 베푼 사례가 있는가?
해당 사례의 적절한 대처법을 다시 한 번 생각해 보자.

가장 고귀한 복수

적을 용서하라.
용서만큼 그를 괴롭히는 것은 없다.
- 오스카 와일드

영국의 철학자 베이컨은 "복수할 때 인간은 그 원수와 같은 수준이 되지만, 원수를 용서할 때에는 그보다 더 위에 있는 인간이 된다."라는 명언을 남겼다.

우리가 누군가에게 상처를 입으면 대개는 복수심을 품는다. 내가 당한 것만큼 혹은 내가 당한 것보다 더 큰 치욕을 안겨주리라 다짐하게 된다. 그러나 그러한 마음은 상대에 대한 증오라기보다 나 자신이 가진 분노의 독으로 작용할 가능성이 훨씬 높다.

복수로 앙갚음하기 위해 노력하기보다 나의 상처를 보듬고 상대방이 참회의 눈물을 흘릴 수 있도록 용서하는 것이 가장 고귀한 복수이며 스스로를 성장시키는 최고의 교훈이다.

___ 나의 다짐

복수심을 품을 수밖에 없는 치욕적인 순간이 온다면,...

....을(를) 생각하며 마음을 다스리겠다.

THIRD

3

누군가의 위로가

절실한 나에게

아무것도 남기지 마라

내가 한 말에 대해서는 종종 후회하지만
침묵한 것을 후회한 적은 없다.
- 퍼블릴리어스 사이러스

미국 정치가들 사이에는 이런 말이 있다. "눈짓이나 고갯짓으로 충분하다면 절대 아무것도 서면으로 남기지 마라."

그리고 뉴욕 주 검찰총장으로 재직하던 엘리엇 스피처는 정치사에 길이 남을 명언을 남겼다. "고개를 끄덕일 수 있다면 절대 말로 하지 마라. 그리고 말할 수 있다면 절대 글로 남기지 마라. 용건을 메일로 전하지 마라."

현명한 사람은 절대 펜으로 자기변호를 하지 않는다. 왜냐하면 그것은 적의 무분별함을 드러내기는커녕 오히려 상대를 훌륭하게 보이도록 하는 데 도움이 되는 증거 구실을 하기 때문이다.

한 번 기록되어 공공연해진 말은 사람들에게 기억될 뿐 아니라, 두 번 다시 지울 수 없다는 점을 명심해야 한다.

나의 다짐

말과 글로 저지르는 실수를 피하기 위해 나는

.... 하겠다.

대인배와 소인배

아침하는 법을 터득한 사람은
남을 헐뜯는 요령도 터득한 사람이다.

- 나폴레옹 보나파르트

대인배에 반항함으로써 자신을 크게 보이려 하는 것이 소인배의 특징이다. 소인배는 도량이 좁고 이리저리 자신의 이익에 맞춰 자기주장을 바꾸는 간사한 사람을 말하는데 이들은 뻔뻔하게도 시대의 지배자를 능가함으로써 주목을 끌고자 한다. 게다가 소인배들은 상대가 먼저 베풀지 않으면 절대로 먼저 베푸는 법이 없다.

과거에 집착하며 당장의 이익에만 좌지우지되는 사람은 넓고 깊게 보지 못하므로 인간관계에서도 오래가지 못한다.

주변에 이런 사람이 있다면 그들의 생활방식에 깊이 관여하지 않는 게 상책이다. 이런 사람을 가만히 있게 만드는 방법은 그들의 존재 따위에 신경 쓰지 않고 태연히 행동하는 것이다.

___ 나의 다짐

내 주위의 소인배들을 떠올려 보자. 그들의 특징은

.... (이)다.

인간관계는 치우쳐선 안 된다

가장 조심할 것은 사소한 감정을 처리하는 방법이다.
사소한 일은 계속해서 발생하며, 그것이 큰 불행으로 발전하는 일이 적지 않기 때문이다.
- 알랭 드 보통

인간관계에서 쉽게 자신의 감정을 표출하는 사람들이 있다. 그러나 서로가 감정을 있는 그대로 드러내면 열에 아홉은 사이가 틀어지게 마련이다. 친구 사이에서든 동료 사이에서든 인간관계의 파탄은 피해야 한다. 평판에 흠이 가서 새로운 인간관계를 만들어 나가기가 어려워지기 때문이다. 경우에 따라서는 적과의 관계조차 함부로 여겨서는 안 된다. 인간관계에서는 지나치게 어느 한쪽으로 치우쳐서는 안 된다. 비밀을 모두 공유할 만큼 친해도, 서로 앙숙처럼 지내도 좋을 것이 없다. 친구나 동료와의 결별을 피할 수 없을 때는 뭔가 구실을 찾아라. 즉, 노여움을 폭발시켜 파탄을 맞이하기 전에 저절로 식어서 떨어져 나가도록 하는 것이 좋다. 이것이 뒤끝이 없는 이별 방법이다.

나의 다짐
나는 순간의 감정을 쉽게 표출하는 편인가?

훌륭한 사람의 특징

멈추지만 않는다면,
얼마나 천천히 가는지는 문제가 되지 않느니라.
- 공자

인내력은 주의력과 같은 급의 힘이다. 그러므로 인내력이 없는 사람의 두뇌는 단련되어 있다고 말할 수 없다. 우리가 가진 인내는 우리가 가진 힘보다 더 많은 것을 성취한다.

우리가 하루아침에 무언가를 이룰 수 있다고 생각하지만 그건 오산이다. 길고 긴 싸움에서 포기하지 않고 누가 더 오래 인내하고 버티느냐에 따라 이룰 수 있는 성공량이 다르다.

훌륭한 인간의 특징은 불행하고 힘든 상황에서도 끈기 있게 참고 견뎌서 반드시 그 일을 해내는 것이다. 그러므로 성공하기 위해 가장 필요한 덕목은 '인내력'이라고 봐도 좋을 것이다.

나의 다짐

성공하고 싶은 내게 가장 필요한 덕목은

.... (이)다.

땀흘려 노력한 기회

일이 쉬워지는 것은 그 자체가 쉬워져서가 아니라,
그 일을 수행하는 우리의 능력이 향상됐기 때문이다.
- 랄프 에머슨

한 걸음 한 걸음 고생해서 산 정상에 오르는 일이나 몇 년에 걸친 자기 수양, 주도면밀한 참을성, 끈질긴 연구, 힘들여 얻은 1등 등은 과연 누구의 몫일까?

많은 사람들이 뭔가 위대하고 눈부신 일을 할 수 있는 좋은 기회가 자신에게 돌아오지 않을까 고대하면서 하루하루를 보낸다. 하지만 이렇게 기대만 할 뿐, 그저 팔짱만 낀 채 아무 일도 하지 않고 시간만 낭비하는 경우가 대부분이다. 이렇게 일생을 헛되이 보내다가 결국 세상을 떠나고 마는 것이다.

정상에 올라설 수 있는 좋은 기회는 땀 흘려 노력을 거듭할 때에만 찾아온다는 사실을 잊지 말아야 한다. 정상에 오르길 꿈꾸면서 한 걸음도 실제로 내딛지 않으면 아무것도 이루어지지 않는 것과 마찬가지다.

___나의 다짐

내가 땀 흘리며 노력을 거듭하는 일에는

.... 이(가) 있다.

말의 위험성

인간은 침묵 속에서 자신의 고결함을
더욱 쉽게 지킬 수 있다.
— 마이스터 에크하르트

오해는 대립의 불씨를 낳는다. 그리고 말다툼이 가열되면 서로 이성을
잃어 불을 끌 수 없는 상황까지 가기도 한다. 이때 순간의 감정 폭발이
평생의 상처가 되기도 하니 조심해야 할 필요가 있다.

빈틈없는 인간은 당신의 견해나 생각을 확인하기 위해 일부러 의견 대
립을 유도하는지도 모른다. 이런 낌새를 눈치 챘다면 자제력을 발휘해
단호하게 대처하도록 노력하자. 자제력이야말로 되돌릴 수 없는 실언으
로부터 우리를 보호해 줄 가장 큰 무기이기 때문이다.

말의 위험성은 구태여 강조하지 않아도 알 것이다. 쓸데없는 말을 계속
해서 하는 것보다는 침묵이 오히려 사람 사이의 관계를 오래가게 만든
다. 위험을 아는 사람은 늘 조심하고 상대에게 경솔함을 드러내지 않는
다. 아무 생각 없이 뱉는 말은 상대를 상처받게 할 수 있으므로 자제해
야 한다.

나의 다짐

'침묵'이 가장 필요할 때는

.... 때이다.

신중하고 조심하는 태도

보이는 것보다 많이 가지고,
아는 것보다 적게 말하라.

- 윌리엄 셰익스피어

현명한 사람은 남들이 늘 보고 있다는 사실을, 또 모든 것이 언젠가는 알려진다는 사실을 잘 알고 있다. 벽에는 귀가 있으며, 바르지 못한 사람들의 간사한 마음은 늘 족쇄에서 벗어날 태세를 취하고 있기 때문이다. 그래서 진정으로 현명한 사람은 혼자 있을 때조차도 온 세상의 눈이 자신에게 쏠리고 있는 듯이 행동한다.

얼굴이 대중들에게 잘 알려진 사람일수록 말이나 행동에 더 신중하고 조심하는 태도와 같다. 우리 모두가 공인은 아니지만 다른 누군가에게 조금이라도 해가 될 만한 일이나 구설수에 오를 만한 일을 하지 않도록 신경 쓰는 삶을 살아야 할 것이다.

나의 다짐

신중한 태도를 유지하기 위해

.... 하겠다.

타인의 실수를 대하는 태도

자비로운 눈길로 바라보면,
모든 것이 아름답게 보인다.
− 틱낫한

'웨이터의 법칙'이라는 용어가 있다. 웨이터를 비롯해 서비스업에 종사하는 사람에게 거칠게 대하는 사람은 비즈니스 파트너로 고르지 말라는 의미다.

사람은 누군가 자신의 아래에 위치해 있다고 생각하면 함부로 대하는 경향이 있다. 그러나 이것만은 꼭 기억해야 한다. '사람은 누구나 실수할 수 있다'는 점을 말이다. 식당에서 웨이터가 실수로 물을 손님에게 엎질렀을 때 웨이터에게 어떻게 대하는지를 보면 그 사람의 인격과 품격을 알 수 있다. 실수는 그냥 실수일 뿐이다. 불필요한 확대해석과 감정 폭발은 스스로의 인품을 떨어뜨릴 뿐 아니라 애꿎은 웨이터만 해고당하는 비극적인 상황을 만들 수 있다. 타인의 실수에 관대해져라.

나의 다짐

나는 타인의 .... 행동을 통해

그의 인격을 가늠한다.

누구나 결점이 있다

잘못은 따로 있는 게 아니다.
같은 잘못을 되풀이하는 것, 그것이 바로 잘못이다.
- 알렉산드르 푸슈킨

사람의 결점은 그 사람의 영혼 속에서 살고 있다. 완벽하게 보이는 사람이라도 어느 정도의 결점은 가지고 있을 뿐 아니라, 대부분 그것을 자각하고 있으면서도 쉽게 고치질 못한다. 게다가 타인이 그 결점을 깨닫지 못하거나 깨닫지 못하는 체하고 잠자코 있으면 당사자는 그것이 용인되었다고 착각한다. 하지만 공교롭게도 대부분의 사람들은 타인의 결점을 들추어내서 눈살을 찌푸리고, 그 결점의 소유자가 비웃음의 대상이 되는 모습을 보면서 쾌감을 느낀다.

자신의 결점에 대해 잘 알고 있다면 스스로 없애도록 노력해 보자. 이는 당신의 장점을 빛나게 하는 동시에, 스스로를 높이는 좋은 기회이자 지름길이기 때문이다. 단점이나 결점이 무엇인지 알지만 수정하지 않는 것은 과거의 상태 그대로 머물러 있겠다는 선언과 마찬가지다.

나의 다짐

스스로 없애도록 노력할 나의 결점으로는

이(가) 있다.

돋보이려는 사람은 경계하기

생각은 현자처럼 하되
평범한 사람의 언어로 소통하라.

- 윌리엄 예이츠

스스로에게 어떤 레벨을 부여하지 마라. 특히 스스로를 칭송하는 레벨 같은 것은 절대 붙여서는 안 된다. 타인은 그것 하나만으로 당신을 판단하고 아름다운 장점조차 결점으로 간주해 버리는 경우가 허다하기 때문이다. 어떠한 레벨은 그 사람의 특이성을 나타내는 것으로, 그 특이성은 언제나 타인의 의심을 불러일으킨다.

눈이 부셔서 태양을 똑바로 쳐다볼 수 없듯, 아름다움도 너무 두드러지면 시야를 어둡게 만든다. 마찬가지로 사람의 주의를 지나치게 끄는 말과 행동은 반감이나 비판을 부를 수 있으며, 가짜 친구나 적의 표적이 되기도 한다.

특이한 행동으로 돋보이려 하고, 남보다 튀려는 사람을 경계하라. 이런 유형은 목적을 달성하면, 이번에는 자신의 이익과 지위를 지키기 위해 타인을 함정에 빠뜨린다. 이런 사람들의 비난은 알아보기 쉬운 만큼 대비하기도 쉽다. 즉, 누군가와 함께 어떤 일을 실행하기 전에 그 사람의 배경을 조사하는 일을 필수불가결한 요소로 삼는 것이다.

나의 다짐

최근 타인의 반감을 산 행동이 있다면?

매 일 성 공 을 실 천 하 자

산 정상을 정복하기 위해서는 한 걸음이 필요하다.
매일 그 걸음을 걷는 삶을 살아라.

05

인 생 다 짐

나에게 아첨하기

자존이야말로
모든 미덕의 초석이다.
– 존 허셸

아부는 반드시 호의에서 나온다고는 할 수 없다. 때로는 좋은 것을 인정하지 않기 위해 나쁜 것을 칭찬하는 경우도 있기 때문이다. 자신의 이득을 위해 아첨을 일삼는 사람들은 기본적으로 의미 없는 말을 할 때가 많다. 자신의 비굴함을 소재 삼아 심술궂은 말을 하기도 하고, 다른 사람과 반대되는 행동이나 말을 서슴없이 내뱉기도 하며, 자신의 이득이 보이면 그것을 소유하기 위해 남 앞에서 일부러 자신의 가치를 낮추기도 한다.

그러나 이 모든 것에 앞서, 나 자신에게 먼저 달콤한 말을 건네 보는 건 어떨까. 스스로에게 용기를 북돋우는 이러한 행동들이 바로 자기사랑, 나아가 원만한 인간관계를 이끄는 시작점이 될 것이다.

나의 다짐

나의 장점 3가지를 꼽은 후, 스스로 격려하는 시간을 갖자.

....

....

부탁을 거절할 줄 아는 지혜

거절하기로 결단하라.
정작 중요한 일에 쏟을 시간을 빼앗기지 않도록.
- 캐머런 건

누군가 나에게 부탁을 해오면 그 부탁을 거절하는 것이 쉽지는 않다. 그러나 모든 부탁을 다 들어주면서 살 수도 없다. 마음이 여리고 착한 사람일수록 다른 사람의 부탁을 무리해서라도 어떻게든 들어주려는 경향이 강하다. 그 부탁을 거절하면 욕을 먹을 수도 있고, 뒤에서 내 험담이 돌아다닐 수도 있고, 바쁜 척하는 사람으로 오해를 살 수도 있기 때문이다. 결국 내가 인정받지 못할까 봐 두려운 마음에 하기 싫은데도 그 부탁을 거절하지 못하는 것이다. 그러나 우리는 부탁을 거절하는 방법을 알아야 한다.

단호하기보다는 부드러운 어조로 에둘러 거절을 표현하고 부탁받은 즉시 거절하는 것이 좋다.

___ 나의 다짐
내가 무리한 부탁을 거절하지 못하는 이유는

.... (이)다.

오늘부터 필요 이상의 부탁은 거절할 수 있도록 노력해야겠다.

거짓의 위장술

진실이 신발을 신는 동안
거짓은 세상을 반 바퀴 돌 수 있다.
- 마크 트웨인

이른바 '가짜 뉴스'가 온 세상을 흔들고 있다. 사실과 진실에 기반해야할 뉴스조차 가짜가 판을 치고 있다. 거짓이란 모든 것을 훌륭하게 보이게 하기 위한 위장술이다. 반면, 진실은 비록 한 발 늦어도 결국 통찰력 있는 사람에게 발견되어 드러나기 마련이다.

사람도 마찬가지다. 겉으로는 모든 것을 줄 것처럼 하지만 뒤로는 다른 마음을 품고 있는 사람이 얼마나 많은가. 그리고 그런 사람들에게 속아넘어가 상처받고 괴로워하는 사람이 얼마나 많은가.

오히려 요즘은 진실이 거짓에 묻혀 거짓이 더 진짜 같이 활개를 치는 세상이다. 아무것도 믿을 것이 없다고 말하기 전에 나부터 진실한 사람인가를 한 번쯤 생각해 보면 어떨까.

___나의 다짐___
현재 나의 삶은 어느 정도 진실한가?

이야기는 간결할수록 좋다

무릇 간결은 지혜의 본질이요.

- 윌리엄 셰익스피어

하나의 화제에 대해 일방적으로 내용을 풀이하고, 일정한 사고방식만을 고집해 지루하게 연설을 한다면 이야기를 듣는 청중은 싫증을 느낄 수밖에 없다. 간결함은 일상의 모든 일에 매력과 완성도를 만들어줄 뿐 아니라, 말하는 사람의 부족한 역량도 보충해준다. 즉, 좋은 이야기는 간결할수록 좋은 인상으로 남게 되며 재미없는 이야기라도 간략하게 정리하면 실패가 반으로 줄어든다.

이 세상 사람들이 다 알고 있듯, 미사여구를 늘어놓는 사람치고 현명한 사람은 없다. 많이 공부하고 연구한 사람일수록 어려운 것을 쉽게 이야기할 수 있어야 한다. 한마디로, 간결만이 이야기의 전달력과 이해력을 높이는 효과적인 방법인 것이다. 이는 글을 쓸 때도 마찬가지다. 짧고 간결한 글이 마음속에 오래 남고 잘 읽히는 법이다.

나의 다짐

이야기의 전달력과 이해력을 높이는 효과적인 방법은

.... (이)라는 것을 항상 유념해야겠다.

타인의 불행으로 위로받지 말 것

우리는 서로의 불행이 아니라
서로의 행복에 의해 살아가기를 원한다.
- 찰리 채플린

남이 불행의 늪에 빠진 모습을 보며 위안을 찾고자 하는 사람을 경계해야 한다. 심리학자 리처드 스미스는 "인간이라면 누구나 남의 불행을 보고 기쁨을 느끼는 감정을 타고나며 평생토록 이 감정을 버리지 못하고 살아간다."고 말했다. 그러나 절대 남의 불행을 보며 유쾌해 하거나 위로받으려 해서는 안 된다. 그러한 감정을 본능적으로 느끼더라도 이성적으로 그 심리를 파악하고 자기만의 함정에 빠지지 않도록 지혜를 발휘해야 할 것이다.

누군가 나의 불행을 보고 즐거워한다고 생각해 보라. 역지사지의 마음을 가진다면 충분히 이해할 수 있는 문제이다. 다른 사람의 불행을 너무 즐기면 언젠가 자신에게 그 화살이 그대로 돌아올지 모르니 조심해야 한다.

───♦ 나의 다짐

남의 불행을 볼 때, 나는 .... 감정을 느낀다.

혹여 이것이 옳지 않은 감정이라면, 역지사지의 마음을 갖고

.... 하도록 노력해야겠다.

역경이 이해심을 만든다

불행은 그 자체의 악한 속성이 아니라
그를 겪는 이의 느낌을 통해 측량하는 것이다.

- 조지프 애디슨

살면서 큰 사건이나 사고를 겪어봤거나 질병을 앓아 고생한 경험이 있는 사람들은 그 충격이 장기적인 기억으로 남아 트라우마의 형태로 저장된다. 이는 고통스러운 일이지만 한편으로는 긍정적인 작용도 있다고 한다. 인생에서 큰일을 많이 겪어본 사람은 다른 사람이 처한 상황에 대한 연민이나 동정심을 잘 느낀다는 것이다.

미국 노스이스턴대 연구팀이 역경을 많이 겪은 참가자와 별다른 일 없이 순탄하게 살아온 사람을 나누어 동정심과 연민의 감정을 어느 정도 느끼는지 그 차이를 실험한 결과, 인생의 역경이 많을수록 타인을 도와주고 이해하는 마음이 더 큰 것으로 나타났다.

나의 다짐

큰 어려움 속에서 나를 위로해준

....을(를) 떠올리며

나 역시 다른 사람들을 도와줄 수 있도록 노력해야겠다.

슬럼프가 찾아온다면

사람들은 의욕이 끝까지 가질 않는다고 푸념한다.
깨끗함도 마찬가지 아닌가? 그래서 매일 하는 것이다. 목욕도, 동기부여도.

– 지그 지글러

우리가 어떠한 물건을 사면 처음에는 너무나 가지고 싶어서 구입하지만 얼마 지나지 않아서 싫증을 느끼곤 한다. 간혹 사람도 그런 경우가 있다. 정말 사귀고 싶어서 사귀었는데 어느새 익숙해지고 만남 자체가 뜸해지기도 한다. 인생을 살면서 인기도, 명예도 떨어지는 시기는 언젠가 찾아온다. 국가의 역사나 기업의 역사도 마찬가지다. 절정기를 거쳐 침체기가 찾아오는 것은 대부분 비슷하다.

지금까지 얻지 못했던 것을 얻었을 때는 새로운 것을 가졌다는 것에 신기하기도 하고 그것을 즐기기 위해 마음이 한껏 들떠 있지만, 익숙해지고 나면 다시 관심이 사라진다. 그러니 언젠가는 슬럼프가 찾아올 것이라는 것을 마음에 담고 모든 것에는 영화가 있는 만큼 쇠퇴도 뒤따르기 마련이라는 것을 인식할 필요가 있다.

나의 다짐

매너리즘에 빠지게 된다면

.... 을(를) 통해 새로운 마음가짐을 갖겠다.

비밀은 말하지도 듣지도 않기

만일 바람에게 비밀을 털어놓았다면
바람이 그것을 나무에게 털어놓는다고 원망해서는 안 된다.

– 칼린 지브란

어쩌다 누군가의 비밀을 알게 되었더라도 그것을 절대 누설해서는 안 된다. 특히 상사의 비밀과 관련되어서는 더욱 조심해야 한다. 그것은 언뜻 보면 달콤한 열매를 나누어 받는 특권 같지만, 잘못하면 나까지 위험한 상황에 빠질 수 있기 때문이다. 비밀을 지켜야 한다는 것은 누구나 알고 있지만 그 비밀을 누설하지 않을 수 있는 사람은 얼마 없다.

일단 비밀을 들으면 상대에게 책을 잡히게 된 것 같고, 특히 지배적인 위치에 있는 사람에게는 그 압박감이 견디기 힘들 정도의 고통을 안겨 주기도 한다. 또한 친하게 지내던 친구가 적이 된다면 이전에 선뜻 털어놓은 비밀이 원한을 품은 독화살로 변해 날아오기도 한다. 따라서 비밀은 결코 들어서도, 말해서도 안 된다.

나의 다짐

비밀을 듣거나, 말하고 싶은 유혹에 빠질 때마다

.... 하겠다.

수자부족여모

실험을 통해 경험을 얻을 수 없다.
만들 수도 없다. 반드시 겪어야 얻는다.
– 알베르 카뮈

'수자부족여모(豎子不足與謀)'라는 말이 있다. 어리고 경험이 부족한 사람과는 큰일을 도모할 수 없다는 뜻이다. 중요한 일에 있어서 경험이나 지식이 부족한 사람에게는 참견거리를 주지 않는 편이 낫다. 그리고 그의 현재 능력보다는 견실함이나 성실함 등을 인정해 주도록 하고, 업무상 필요한 전문 훈련을 받은 인재에게는 상상력을 키울 수 있는 기회를 제공하는 것이 바람직하다. 지식이나 경험이 아직 부족한 사람에게 결정권을 주거나 상상력을 발휘할 수 있는 기회를 전적으로 주는 것은 자칫 위험한 행위가 될 수도 있다.

일의 성과를 위해서는 기계든, 사람이든 보증서가 붙어 있는 것을 선택하라. 평가가 이루어진 것들은 우선 안심할 수 있다. 정석대로 가고자 한다면 검증이 된 길을 걸어야 하고, 이는 대세를 따르는 것인 만큼 안전하다.

___ 나의 다짐
'수자부족여모(豎子不足與謀)'의 뜻을 되새겨 보자.

첫인상으로 모든 것을 판단하지 않기

첫인상에 좌우되지 마라.
거짓은 늘 앞서 오는 법이고, 진실은 뒤따르는 법이다.
- 발타자르 그라시안

뭐든지 첫인상만으로 판단하는 사람이 있다. 하지만 첫인상만으로 사람을 판단하면 진짜를 놓치는 경우가 생기게 된다. 보통은 최초로 본 것에 대한 기대도, 최초로 들은 이야기에 대한 공감도 어떠한 결론을 내기에는 아직 이르기 때문에 다른 이야기를 받아들일 여유를 남겨야 한다. 그런데 순진함에서인지, 아니면 강경함에서인지 최초로 부어진 술의 향기가 끝끝내 빠지지 않는 술통과도 같은 사람들이 있다. 이렇게 첫인상으로 지레짐작했다가 실패를 맛본 사람은 특히 부정한 의도를 갖고 접근하는 사람에게는 무방비로 허점을 이용당하는 경우도 생길 수 있다.

어떤 경우라도 첫인상만으로 사람을 판단하지 말고 제2, 제3의 정보를 받아들이는 여유를 갖도록 해야 할 것이다. 그리고 쉽게 흥분하지도 말자.

✎ 나의 다짐

첫인상으로만 사람을 판단하지 않도록

.... 하겠다.

06

부 족 함 을 채 우 며 살 자

사람은 누구나 부족함을 가지고 있다.
그것이 부끄러운 것이 아니라 개선할 의지가 없는 것이 더 부끄러운 일이다.

불필요한 논쟁에서 승리는 없다

모든 논쟁의 뒤에는
누군가의 무지함이 있다.
- 루이스 브랜다이스

심술궂은 성격 때문에 논쟁을 좋아하는 사람들이 있다. 이런 경우 이겨도 별로 얻을 것이 없으므로 논쟁을 피하는 것이 상책이다. 하지만 이런 논쟁을 완벽하게 피하는 것은 어려운 일이다. 어쩔 수 없이 논쟁에 휘말리게 되었다면 그 논쟁이 상대의 명민함에서 비롯된 것이지, 아니면 심술에서 나온 것인지를 먼저 판단할 수 있어야 한다. 때로는 심술궂은 논쟁에 간계까지 숨어 있는 경우도 있다. 따라서 심술궂은 논쟁이면 피하고, 간계까지 숨어 있으면 교묘히 달아나는 지혜가 필요하다.

상대가 가진 마음의 자물쇠를 부수는 것을 좋아하는 무리도 있다. 그들이 논쟁을 즐기는 목적은 상대를 화나게 함으로써 일종의 쾌감을 느끼려는 데 있다. 이 수에 걸려들지 않기 위해서는 마음에 조심의 자물쇠를 하나 더 채워 놓는 것만큼 좋은 방법도 없다.

나의 다짐

만일 논쟁에 휘말리게 된다면, 주의해야 할 점은

.... (이)다.

현명한 자기만족

스스로를 존경하면
다른 사람도 그대를 존경할 것이다.
- 공자

자기만족을 태도나 말로 표현해서는 안 된다. 타인의 입장에서 보면 조금도 유쾌한 일이 아니기 때문이다. 또한 자신에 대한 불만을 남 앞에서 아무렇지도 않게 터뜨리는 것은 스스로 자존감이 없음을 인정하는 것과도 같다.

자기만족은 대부분 개념 없음에서 시작되어 좀 모자라는 무지(無知)로 끝나기 때문에 자신에게는 위로가 되어도 타인에게는 전혀 그렇지 않다. 예를 들어, 위인의 발밑에도 미치지 못하는 사람이 어떤 구실을 찾아내 속물로서의 자기 모습에 만족하는 경우가 있는데, 이는 분명히 잘못된 태도이다. 이보다는 자기 자신에게 다소의 불안함을 느끼는 정도가 보기 좋다. 어느 정도는 일이 잘 되고 있다는 확신을 가질 수 있도록, 그리고 만일 잘 되지 않더라도 낙담하지 않을 수 있도록 말이다.

나의 다짐

최근 나에 대한 자랑을 늘어놓았던 경험이 있는가?

함부로 불평불만 하지 않기

나무는 제 손으로 가지를 꺾지 않는다.
그러나 사람은 제 미움으로 가까운 이들을 베어 버린다.
- 레프 톨스토이

더할 나위 없이 좋은 사람이라도 불평불만을 말하고 있는 순간에는 음울하고 지루한 인간이 되어 버린다. 괴로운 일이 있어도 절대로 남 앞에서 우는 소리를 하지 마라. 자신의 체면을 깎는 일일 뿐이다. 그 순간이 지나가도 이야기는 사람의 기억에 남기 때문에 가능한 한 불평은 혼자서 가슴에 담아 두는 편이 후회할 일도 만들지 않는다.

승자에게 트집을 잡는 것보다 그의 관용을 칭찬하는 편이 훨씬 유리하다. 그럼 상대는 더욱 큰 관용을 베풀 것이다. 또한 그 자리에 없는 사람에게서 받은 친절을 거론함으로써 그 자리에 있는 사람들에게서도 똑같은 친절을 이끌어 낼 수 있다. 그 이야기에 담긴 존경의 마음이 사람들을 집중시키기 때문이다. 그리고 분별력을 갖춘 사람은 자신이 당한 무례함이나 부정에 의해 이름을 떨치는 행위 따위는 하지 않으며, 오직 자신의 명예에 의해서만 인정받는다.

____ 나의 다짐
상대에 대한 불평불만이 고개를 들 때마다,

.... 하며 마음을 다스리겠다.

대세는 거스르지 않는다

인류는 세상을 다른 시각으로 보는
사람들에게 냉담할 수 있다.
- 에릭 번스

많은 사람들에게 환호받고 있는 어떤 대상을 무조건 비난하지 않도록
조심하라. 대중에게 만족감을 주는 것은 모르긴 해도 뭔가 좋은 점을 갖
고 있기 때문인 경우가 많다. 완고함이나 무지로 혼자만 별난 행동을 하
는 사람은 순식간에 좋은 기회를 놓치거나 도리어 대세의 공격을 받을
수도 있다. 그래서 괜히 모든 일에서 의심을 받고 판단력조차 신뢰받지
못해 빈약한 자신의 세계에 혼자 남겨지게 될지도 모른다.

많은 사람들의 환호 속에서 어떤 대상에게 어떻게 이득을 얻어야 할지
모르겠다면, 먼저 자신의 맹목적인 측면을 숨기고 대대적인 비난을 삼
가야 할 것이다. 서투른 선택은 대부분 무지에서 비롯된다. 대중에게 사
랑받는 것은 유행이든, 신기한 것이든 그 시점에서는 확실한 현실이다.

___나의 다짐

나의 주변에서 환호 받는 대상은 .... (이)다.

그 대상이 사람들에게 사랑받는 이유를 생각해 보자.

플라톤의 위대한 인내심

세상의 모든 전사 중 가장 강한 전사는
시간과 인내, 이 두 가지다.
- 레프 톨스토이

철학자 플라톤은 어느 날 서재에서, 수년에 걸쳐 써 온 연구논문을 자신
이 기르는 강아지가 재로 만들어 버린 현장을 목격하게 된다. 하지만 플
라톤은 온화한 목소리로 "캐노피, 악의가 있어서 한 짓은 아니구나."라
고 말했다. 플라톤이야말로 진정 위대한 인물이 아닐 수 없다.

그의 위대함은 바로 인내심에 있다. 플라톤은 한 마디의 불평도 없이 그
어마어마한 일을 다시 하기 위해 책상 앞에 앉았던 것이다. 플라톤은 나
머지 생을 그 논문을 완성하는 데 보냈고, 그 업적은 학계에 길이길이
남게 되었다.

플라톤처럼 몇 년 동안이나 책상 앞에 앉아서 위대한 일을 완성할 정도
의 인내심을 가진 사람이 몇 명이나 될까? 이런 자질을 꾸준히 기르는
일이야말로 교육이 가진 중요한, 그러면서도 결코 쉽지 않은 임무일 것
이다.

나의 다짐

내가 인내심을 가지고 꾸준히 실천하는 일에는

.... 이(가) 있다.

스스로 생각하고 행동하는 법

네 모습 그대로 미움받는 것이
너 아닌 다른 모습으로 사랑받는 것보다 낫다.

- 앙드레 지드

스스로 생각하거나 행동하는 법을 배우고 자신의 것으로 만드는 일은 정말 중요하다. 진짜 독창성이란 모든 일을 자기 나름대로의 방법으로 훌륭하게 처리하는 데에서 나온다.

어중간하게 교육받은 사람은 대부분 남의 흉내를 내는 데 집중하는 경향이 있다. 결코 남의 흉내로 큰 인물이 된 사람은 없다. 그 이유는 위대한 인물의 결점이나 바람직하지 않은 부분을 흉내 내는 것이 장점을 흉내 내는 것보다 훨씬 쉽기 때문이다.

이 세상에는 자신도 모르는 사이에 남의 흉내를 내는 것이 습관화되어 스스로를 단련하는 일도, 진보시키는 일도 하지 않은 채 인생을 허비하는 사람이 적지 않다.

나의 다짐

바람직하지 않은 행동인

....을(를) 따라한 것을 반성한다.

벤치마킹 제대로 하기

성공에는 비밀이 없다.
성공한 사람 치고 성공에 대해 말하지 않는 사람을 본 적 있는가?
- 킨 허바드

성공을 하기 위해 가장 쉽게 접근하는 방법이 바로 '벤치마킹'이다. 미국에서 경제학 용어로 사용되던 이 단어는 현재 생활 전 분야에 걸쳐 쓰이고 있다. 그리고 실제로도 다른 사람을 따라 하면서 시행착오를 줄이고 조금은 쉽게 궤도에 올라갈 수 있다. 벤치마킹이냐 모방이냐는 논란의 여지가 있지만, 중요한 점은 벤치마킹이 단순한 모방에 그쳐서는 성공하기 어렵다는 점이다. 내용과 방법을 모두 타인의 것에서 끌어오거나 타인을 흉내 내는 편이 자기 나름의 방법으로 실천하는 일보다 훨씬 쉽다. 하지만 남의 흉내를 내는 사람 가운데 남보다 더 뛰어난 인물이 된 사람은 단 한 명도 없다.

시작은 모방이지만 하더라도 제대로 해야 하고, 그 안에서 자신만의 방법을 더해 더욱 발전시킬 수 있는 방향을 모색해야 한다.

✎ 나의 다짐

내가 모방하고 싶은 대상은 .... (이)며,

이를 통해 .... 을(를) .... (으)로 발전시키고 싶다.

인생은 한 끗 차이다

당신의 노력을 존중하라. 당신 자신을 존중하라.
자존감은 자제력을 낳는다. 이 둘을 모두 겸비하면, 진정한 힘을 갖게 된다.

– 클린트 이스트우드

스스로를 하나의 작은 존재로 보면 작게 느껴질 수 있다. 거대한 지구 안에 나의 존재는 한없이 작고 초라하게 느껴질 수 있다. 그러나 그렇다고 해서 막 살아도 된다거나 대충 살아도 된다는 뜻은 아니다.

우리는 작은 존재가 아니라 큰 하나의 존재이다. 사람마다 거대한 우주가 담겨 있다. 자기 나름대로의 개성과 그 개성을 있는 그대로 드러내며 사는 태도를 가지지 않으면 모두 똑같이 그저 그런 존재로 남을 수밖에 없다. 위대함이나 선량함은 아무리 분발해도 결코 흉내 낼 수 없다는 사실을 기억하자. 이는 곧 인내심과 노력으로 자기 나름의 스타일을 몸에 익혀 가지 않으면 안 된다는 뜻이기도 하다.

'내 인생의 주인공은 나'라는 생각으로 다른 사람의 판단에 이끌리지 말고 매 순간 스스로가 원하는 선택을 하며 살자.

나의 다짐

나는 .... (이)라는

나만의 개성을 지니고 있다.

FOURTH

4

인생의

전환점에 선 나에게

두뇌 활용하기

남의 말을 따라 하려면 교육이 필요하다.
그 말에 도전하려면 두뇌가 필요하다.
- 메리 페티본 풀

세상에 영향을 미친 가장 위대한 도구는 다름 아닌 두뇌다. 또한 두뇌만큼 훈련하고 사용할수록 발달하고 진보하는 도구도 없다.

자신의 두뇌 능력을 일시에 모두 사용하는 것은 서투른 짓이라고 생각하는 사람들이 많은 듯하다. 이들은 큰일에 대비해 두뇌의 힘을 저장해 두지 않으면 안 된다고 믿는다. 게다가 어떻게 하면 두뇌를 덜 쓰면서 일을 해낼 수 있을까, 두뇌를 얼마나 써야 어느 정도의 사실을 알 수 있을까를 고민한다. 마치 머리를 쓰면 두뇌에 가득 차 있는 것이 다 사용되거나 기능이 약해진다고 믿는 듯하다.

활은 아무리 많이 당겨도 부러지지 않으니, 부러질 걱정은 하지 않아도 된다. 그러므로 오늘부터라도 두뇌를 최대한 많이 활용함으로써 그 능력을 모조리 끄집어내 보자. 그럼 두뇌는 점점 활발히 움직일 것이다.

나의 다짐

내 뇌를 활용하기 위한

.... 습관을 가져야겠다.

두뇌는 자극이 필요하다

너무 많이 읽고 뇌를 너무 적게 쓰면
누구나 생각을 게을리하게 된다.
- 알버트 아인슈타인

만일 두뇌를 효율적으로 단련하고 싶다면 적당한 휴식을 동반해주는 것이 좋다. 휴식 없이 두뇌를 사용하는 것은 오히려 두뇌의 과부하를 일으킬 수 있다. 효율적으로 단련한 두뇌는 우연한 순간에 기세 좋게 움직이거나 큰 능력을 발휘하는 것이 아니라, 언제나 일정한 성과를 이끌어 낼 준비를 갖춘 상태를 가리킨다. 플라톤의 두뇌가 뛰어난 것도 바로 이러한 점에서다.

두뇌는 자극이 없으면 점차 퇴화된다. 적절한 자극과 호기심, 생각하는 능력을 기르면 점차 두뇌가 활성화되는 것을 느낄 수 있을 것이다.

나의 다짐

오늘부터 뇌를 의식적으로 자극하는

.... 을(를) 꾸준히 실천하겠다.

책으로 얻는 것

독서할 때 당신은
항상 가장 좋은 친구와 함께 있다.
- 시드니 스미스

살면서 세상의 모든 것을 경험할 수는 없다. 하지만 우리에게는 세상의 모든 이야기를 들려주는 책이 있다. 한 권의 책을 읽으면서 모든 내용을 기억할 수는 없지만 분명 책을 많이 읽으면 기억 속에 남는 정보들이 그만큼 쌓이기 마련이다. 분명한 것은 책을 읽는 삶이 그렇지 않은 삶보다 훨씬 더 자신을 성장시킨다는 점이다.

책은 읽는 것도 중요하지만 읽고 난 후에 어떻게 자신만의 방법으로 정리하는가가 더 중요하다. 독서 후에 정리하고 사색하는 시간이 없다면 그저 글자만 읽은 것과 다름없기 때문이다.

한 권의 책을 읽을 때마다 나의 시선이 확장되고 하나의 세상이 열린다는 생각으로 독서해 보자. 분명 얻는 것이 더 많을 것이다.

나의 다짐
최근 가장 감명 깊게 읽은 책과 그 이유는 무엇인가?

스스로를 아는 것

자신을 믿어라. 자신의 능력을 신뢰하라.
겸손하지만 합리적인 자신감 없이는 성공할 수도 행복할 수도 없다.

– 노먼 빈센트 필

자기 자신을 아는 것 또한 학습의 중요한 목표 가운데 하나이다. 세상에는 오랜 지적 훈련을 거치지 않은 상태로 높은 지위에 올라 그 지위를 유지하는 사람이 있다. 하지만 반복적으로 정확하게 타인으로부터 자기의 능력을 평가받지 않으면 얕은 지식을 자랑거리로 삼는 소인배가 되기도 한다.

자신이 무엇을 할 수 있고 없는지를 아는 것은 자신이 할 수 있는 일을 아는 것과 마찬가지로 매우 중요하다. 그럼 타인의 지성에 기대어 자신의 지적 능력을 연마하거나 두뇌를 한층 더 명석하게 발전시킬 수 있을 뿐 아니라 자신이 가진 능력에 대해서도 겸허해질 수 있다.

___ 나의 다짐

내게 주어진 일 가운데 자신 있는 것은

.... (이)다.

자기 인식과 자기 관리

인격은 꿈꾸듯 쌓을 수 있는 게 아니다.
망치로 두드리고 다듬듯 꾸준히 노력해 스스로 쌓아 나가야 한다.
- 제임스 프루드

자기 인식과 자기 관리는 인생을 사는 데 반드시 필요한 것들이다. 우리는 스스로에 대해 잘 알고 있다고 생각하지만 실상은 그렇지 않은 경우가 더 많다. 그저 알고 있다고 착각하는 것뿐이다. 자신의 생각과 행동을 깨어서 관찰하지 않으면 쉽게 자기 인식을 하기가 힘들기 때문이다. 자기 관리는 평생 동안 해야 한다. 스스로를 관리한다는 것은 자신에 대한 애정을 표현하는 것이며 위하는 행동이다. 자기 자신을 사랑할 줄 아는 사람은 주위 많은 사람들로부터 더 많은 사랑을 받게 된다. 스스로를 사랑해야 남도 나를 사랑해주기 때문이다.

나의 다짐
올바른 자기 인식과 자기 관리를 위한 다짐을 적어 보자.

내향적인 사람의 장점

보통 '내향적인 사람'이라고 하면 편견을 가지고 바라보게 된다. 혼자만의 세계가 있을 것 같고, 고집이 있을 것 같고, 남과 잘 어울리지 못할 것 같다는 편견이다. 그러나 각자 성격에는 장단점이 존재한다. 외향적이라고 해서 모든 부분이 탁월한 것은 아니다.

놀랍게도 연구 결과에 따르면 조직의 지도자나 임원, 대통령 등 수많은 리더들이 내향적인 성격을 가진 것으로 드러났다. 실제로 내향적인 사람들은 스스로가 내향적이기 때문에 손해 보는 일이 많고 외향적인 사람보다 성과가 적다고 생각하지만 어떤 성격이든 온전히 좋다고 말할 수는 없다. 적극적으로 나서지 않는다고 해서 열정이 없다고 판단할 수도 없으며 혼자 있는 시간을 즐긴다고 해서 사람을 싫어하는 것은 아니다.

혼자서 생각하고 고민하고 결정하는 일들이 내향적인 사람들이 가진 가장 강력하면서도 조용한 힘이 아닐까.

나의 다짐

내가 생각하는 내향적인 사람의 장점은

.... (이)다.

기억력과 창의력의 관계

늘 해오던 방식을 고수할 필요가 전혀 없다는 깨달음,
그것이 바로 창의력이다.

- 이어령

기억력이 지나치게 좋으면 독창적인 아이디어를 만들어내는 능력이 떨어지지 않을까 하는 걱정에 기억력을 신장시키는 데 소극적인 사람들이 많다. 즉, 기억력이 좋으면 이미 알고 있는 것에 바탕을 둔 발상밖에 할 수 없으리라고 두려워하는 것이다.

하지만 그렇게 두려워할 만큼 위험한 일은 절대 생기지 않는다. 왜냐하면 기억력 신장에 소극적인 사람 가운데 누구나 부러워할 만한 창의성을 지닌 사람을 본 적이 없기 때문이다.

요즘은 대부분의 사람들이 스마트폰을 가지고 살면서 필요한 정보가 있으면 기억하기보다 사진을 찍어서 남긴다. 그러니 머릿속에 넣고 기억할 기회가 점차 줄어들고 있다.

우리가 우려하는 것처럼 기억력이 창의력을 막는 것은 아니다. 기억 고수들은 필요한 정보를 기억함으로써 자유롭게 재조합을 하고 다른 정보를 받아들이는 열린 두뇌를 가지고 있어 새로운 아이디어를 창조하는 능력이 함께 뛰어나다.

나의 다짐

기억력을 신장시키기 위해

.... 노력을 기울이겠다.

타인의 행복을 바라보는 시선

대부분의 사람은
마음먹은 만큼 행복하다.
- 에이브러햄 링컨

요즘은 자신의 행복한 순간을 사진으로 남겨 각종 개인 SNS에 올리는 일이 많아졌다. 그러나 아이러니하게도 타인의 행복을 바라보면서 나 자신은 행복하지 못하다는 생각을 하는 사람들이 많아졌다.

타인의 행복한 순간을 보며 오히려 불행함을 느끼는 사람들은 대다수의 사람들이 자신과 똑같은 일상을 보내고 있다는 사실을 잠시 잊는다. 사람은 누구나 매일 좋은 순간만 맞이하며 살진 않는다. 좋은 순간도 있고, 그렇지 않은 순간도 허다하다.

그러니 매사 치우치게 생각하는 건 정신건강에 좋지 않다. 남은 행복하고 나는 불행하다는 이분법적인 사고는 우울감을 낳고 삶의 의욕을 지나치게 떨어뜨린다.

나의 다짐

SNS로 타인의 행복한 순간을 마주할 때 어떤 마음이 드는가?

어떻게 떠나야 하는가

죽음을 그토록 두려워 말라.
못난 인생을 두려워하라.

– 베르톨트 브레히트

그 누구도 인생의 마지막에 대해 명확한 답을 가지고 살진 않는다. 그러나 훗날 어떻게 떠날 것인지는 생각해야 한다. 마지막 순간을 어디서, 어떤 형태로 죽을 것인가 하는 외면적인 것이 아니라 어떻게 살다가 죽을 것인가를 생각하라는 말이다. 즉, '어떻게 떠날 것인가'는 다른 말로 '어떻게 살 것인가'를 의미한다고 봐도 좋다.

우리가 마지막을 맞이하는 그 순간, 우리가 어떤 삶을 살았는지 낱낱이 드러닌다. 우리는 사는 동안 '내가 왜 살아가는지, 무엇을 하며 살아야 하는 존재인지, 내가 해야 할 일들은 무엇인지'를 찾아가는 일이 가장 중요한 숙제이다.

나의 다짐

의미 있는 삶을 살아가기 위해 앞으로 내가 해야 할 일들은

.... (이)다.

진짜 만족

모든 것들에는 나름의 경이로움과 어둠과 침묵이 있고,
내가 어떤 상태에 있더라도 나는 그 속에서 만족하는 법을 배운다.
- 헬렌 켈러

인간의 어두운 부분을 보는 것만큼 음울한 일도 없다. 세상에는 어리석은 자가 대부분임에도 그중의 반이 나머지 반을 웃음거리로 만들고 있다. 선악의 판단은 모두 일시적인 변덕에 의해 일어난다. 한 사람이 무정하게 거절한 것을 어떤 사람은 추구하고 있는 것이 세상사다.

우주가 자신의 생각대로 움직이길 바라는 인간은 참으로 어리석다. 약함이라는 것도 그 나름대로 숭배자를 가지고 있어, 하나의 생활양식이 어느 사람에게는 유쾌하지 않아도, 반드시 다른 누군가에게는 유쾌한 일이 되는 것이 이치다. 예를 들어, 당신의 강함이 세상에서 인정받고 그것을 자랑하기라도 하면 다른 쪽에서는 당연히 비난이 들끓는다.

진짜 만족이란 지혜로운 사람이나 한 분야에서 이름을 떨친 사람에게 인정받는 데서 비롯되는 것이다. 그러므로 한 사람, 한 관습, 한 시대만을 삶의 방식의 기준으로 삼아서는 안 된다.

나의 다짐

내가 생각하는 만족스런 삶의 기준은

....(이)다.

삶 에 서 여 유 를 가 지 자

인생의 마지막 순간에
후회하지 않도록 삶을 되돌아보며
살아가는 이유를 찾아보자.

행복한 삶의 방식

좋은 사람의 삶은 사소하다.
세상에 알려지지 않았거나 잊힌 친절과 사랑의 행동들로 대부분 채워진다.
- 윌리엄 워즈워드

최근 몇 년 동안 심리학 열풍이 거세게 불고 있다. 행복하지 않은 일상 속에서 어떻게 하면 행복한 삶을 살 수 있는지를 연구하는 결과들이 쏟아지고 있다.

그러나 우리가 행복을 찾는 데 가장 중요한 점은 진정으로 우리를 즐겁게 만드는 것들을 자주 잊고 산다는 데 있다. 돈이 많으면 행복해질 것 같고, 사랑하는 사람이 생기면 행복해질 것 같고, 갖고 싶은 걸 가진 후에야 행복을 느낄 것이라 착각하는 것이다.

죽음을 앞둔 사람들 중에서 '좀 더 열심히 일할 걸⋯⋯' 하며 후회하는 사람은 없다. 오히려 '곁에 있는 사람에게 좀 더 잘할 걸, 너무 일만 하지 말 걸, 좀 더 착하게 살 걸' 후회한다.

행복한 삶은 아주 사소한 것에 감사의 가치를 담는 일이다.

나의 다짐
사소하지만 나에게 행복을 안기는 일로는

.... 등이 있다.

침묵으로 기다리기

인간에게 혀를 다스리는 일보다
어려운 일은 없다.

– 바뤼흐 스피노자

일이 진행되기도 전에 말로 떠벌리기는 쉽다. 될지 안 될지 확신할 수도 없는 상황에서 미래의 일을 마냥 잘될 거라 낙관하고 말을 앞세우는 것은 경계해야 할 태도이다.

그러나 침묵으로 기다려주는 것도 쉽지는 않다. 말을 절제하고 상대방을 끝까지 믿어준다는 것이 말처럼 간단하지 않기 때문이다. 말보다 중요한 것은 진심 어린 마음이다. 그리고 말로 하는 응원보다 믿고 기다려주는 것이 상대에게는 가장 큰 응원과 힘이 될 수 있다.

무슨 일을 할 때 자신이 잘하거나 뛰어난 능력이 있더라도 그것을 떠벌리지 마라. 설사 대단한 업적을 이루었다고 해도 자랑하며 떠벌리는 사람보다 침묵으로 일관된 태도를 보이는 사람이 더 존경 받는다.

나의 다짐

'말을 절제하지 못해' 곤란했던 경험을 이야기해 보자.

자신의 일에 몰두하기

우리는 허영심에 가득 찬 나머지,
심지어 우리가 배려하지 않는 사람의 의견까지도 배려한다.
- 마리 폰 에브너 에센바흐

자신이 맡은 일은 제대로 처리하지 못하면서 남의 일에 감 놔라 배 놔라 참견하고 조언하는 사람들이 있다. 자신이 일하는 방식을 강요하거나 자신이 가진 태도에 대해 자랑스러운 듯 으스대는 사람도 있다. 이런 사람들은 남에게 칭찬을 받기 위해 자신을 스스로 치켜세우는 일에 몰두한다.

아무리 뛰어난 재능을 타고났다 하더라도 허영심에 가득 찬 자기자랑은 다른 사람에게 비웃음거리가 될 뿐이다. 무슨 일이든 자신이 만족할 만큼 해냈다면 조용히 그 기쁨을 즐기면 그만이다. 판단은 남이 하는 것이지 스스로 내리는 것이 아니다. 자신의 업적을 내세우면 그만큼 공격을 받는 일도 많아지는 법이다.

나의 다짐

위의 이야기를 읽었을 때 떠오르는 사람이 있는가?
또, 그의 행실을 통해 깨달은 '하지 말아야 할 행동'이 있다면?

비밀에 대한 대처법

행복해지려면?
타인과 지나치게 관계하지 말아야 한다.

– 알베르 카뮈

타인에 대한 모든 것을 알려고 해서도, 자신의 모든 것을 털어놓아서도 안 된다. 사람에게 애정을 쏟는 것과 모든 것을 상대에게 맡기고 의지하는 것은 별개의 문제이기 때문이다.

그 사람과 단단한 인연이든, 친밀한 관계이든 예외가 있어서는 안 된다. 아무리 친한 친구에게도 숨겨야 할 일은 반드시 있고, 부모에 대해서도 역시 비밀로 해야 할 일들이 있다.

비밀의 종류에 따라 털어놓아야 하는 상대와 숨겨야 하는 상대를 판단해서 적절히 대처해야 할 것이다. 비밀을 털어놓기 쉬운가, 어려운가는 그 사람의 주위에 어떤 인간이 있느냐로 결정된다고 볼 수 있다.

나의 다짐

나는 타인과 적절한 거리를 유지하고 있는가?

야심의 결과

인생의 비극이란 사람들이 삶을 사는 동안
내면에서 잃어가는 것들이다.

- 알버트 아인슈타인

야심에 차 있는 사람은 대부분 표면적으로는 성공을 거두지만 내면적으로는 실패하고 만다. 자산을 늘리기 위해 정신적 활력을 희생으로 삼기 때문이다. 그래도 그들은 저돌적으로 전진할 뿐이며, 행복한 여가는 생각 없는 활동보다 가치 있다는 사실을 전혀 고려하지 않는다.

인간이 확실히 소유할 수 있는 것은 시간뿐이다. 귀중한 인생을 일로 허덕이며 낭비할 필요는 없다. 지나친 노동은 탐욕스러운 어머니이며, 지루함의 대역에 불괴히다. 힌 번 야심에 집착하기 시작하면 몸의 기능이 쇠약해져 버릴 때까지 빠져나오지 못한다.

성공에 짓눌리지 마라. 선망에도 짓눌리지 마라. 그것은 인생을 짓밟고 정신을 질식시킨다. 일을 조금 줄이고 좀 더 느긋하게 쉬는 법을 익히자. 현명한 사람은 느긋하게 인생을 보냄으로써 오래 사는 법이다.

나의 다짐

나의 일주일은 ....%는 일로,

........................%는 여가로 이루어져 있다.

도의심

당신이 받은 풍요로운 삶에 대해 감사하는 마음은
그런 풍요로운 삶이 지속되도록 해주는 최고의 보험이다.

– 마호메트

베토벤은 "나 자신을 가난 속에서도 받쳐준 것은 도의심이며 자살로 생을 끊어버리지 않은 것은 나의 예술 때문일 뿐 아니라 도의심 때문이다."라고 말했다.

일을 할 때도 당신의 지원이 허사가 되지 않도록 도의심이 있는 사람과 함께해야 한다. 그래야만 정치가처럼 자신의 편의에 힘쓰기 전에 상대에게 필요한 편의를 마련해 두는 전술을 활용할 수 있다. 이런 편의에는 매력이 숨겨져 있다. 아무렇지 않게 베푸는 은혜는 좀 더 깊은 감사를 받게 되며, 정치가는 이를 출세의 발판으로 삼는다.

우리 주위에는 늘 호의를 베푸는 인간만 있다고 할 수 없지만, 호의를 기꺼이 받아들이고 또 기꺼이 호의를 되돌려 주는 친구와는 자유스러운 관계를 유지할 수 있다. 그러나 도의가 없는 사람과는 이런 관계가 결코 성립하지 않는다.

___ 나의 다짐

나의 편의에 힘쓰기 전, 상대방을 위해 마련해놓는 편의에 어떤 것들이 있는가?

높은 지위에 대해

권력의 고통을 알려면 권력 있는 자들에게 가야 한다.
권력의 기쁨을 알려면 권력을 추구하는 자들에게 가야 한다.

– 찰스 칼렙 콜튼

높은 지위를 가지고 있다는 것이 좋기만 한 것일까? 권력을 휘두르고 많은 사람들 위에 군림한다는 것에 많은 사람들은 선망을 나타내지만 이는 반드시 이득만 있지는 않다는 것을 알아야 할 필요가 있다. 옛말에 높은 지위에 있는 사람은 '삼중의 노복'이라 했다. 이는 국가의 하인, 명성의 하인, 일만 하는 하인을 의미한다. 지위가 높으면 높을수록 책임져야 하는 일이 크고 무거워진다. 게다가 그 권력을 탐하는 자들의 교묘한 노림수와 계략을 잘 피하고 대처할 줄도 알아야 한나.

온갖 노력과 고생으로 얻은 지위이지만 그것을 지키는 데는 더 큰 인내와 고통이 따른다.

나의 다짐

권력자를 일컫는 '삼중의 노복'은

.... , ... , ... (이)다.

세상은 어떻게 흘러가는가

사람이 행복하기 위해서는 일을 할 수 있어야 할 뿐 아니라
자신이 한 일을 제대로 판단할 수 있어야 한다.
- 존 러스킨

시대의 추세를 읽고 자신이 어디에 서 있는지를 파악하는 것은 정치, 법, 사업 등 어느 분야에서나 필수 불가결하다. 아무리 올바르게 행동해도 세상에 주는 인상이 나쁘다면 적이 생길 수밖에 없다.

특히 사업을 하는 사람의 경우에는 세상이 어떻게 흘러가는지를 잘 알아야 한다. 일찌감치 그것을 확인해 두면 남보다 한 발 앞서 나갈 수 있다. 성공을 바라든, 지지를 기대하든 사람들의 의견을 조사하고 현장을 파악하며 직감에 비춰 본 후 그것에 확신이 생기면 그때 최종 결론을 내리면 된다. 그럼 그대로 나아가야 할지, 물러서야 할지를 결정할 수 있을 것이다.

나의 다짐

내가 종사하는 분야의 흐름을 읽고 있는가?

그 가운데 나의 위치는 .... (이)다.

이해를 초월한 관심

좋게 만들 수 없다면
적어도 좋아 보이게 만들어라.
– 빌 게이츠

이상하게도 대부분의 사람들은 자신의 머리로 이해할 수 있는 일에 대해서는 비교적 평가하기를 꺼리면서도 이해를 초월한 것에는 관심과 경의를 표한다. 막연한 것일수록 훌륭하게 보는 경향이 있는 듯하다.

뭔가를 칭찬하는 사람에게 그 이유를 물으면 대부분 제대로 설명을 하지 못한다. 사람은 누구나 신비로운 것을 숭상하는 경향이 있는 데다, 세상이 칭찬하니까 자신도 덩달아 칭찬하기 때문이다. 이런 경향을 잘 살려서, 일에 있어서 당신이 실제보다 약간 더 유능한 것처럼 보이도록 할 필요가 있다. 도가 지나치지 않을 만큼 적당히 하면 상대의 관심과 경의를 충분히 얻을 수 있다.

___나의 다짐___
상대방에게 더욱 유능해 보이도록 어필할 수 있는 나의 능력으로는

.... 이(가) 있다.

매 순간 최선을 다하기

우리가 할 수 있는 최선을 다할 때,
삶에 어떤 기적이 나타날지는 아무도 모른다.
- 헬렌 켈러

당신을 둘러싼 상황 속에서 늘 최선을 다하려고 노력하라. 마더 테레사는 그의 삶 전체를 어려운 이웃을 위해 최선을 다했다. 그리고 이런 말을 남겼다.

"당신이 만나는 모든 사람이 당신과 헤어질 때는 더 나아지고 더 행복해질 수 있도록 모든 끝에 최선을 다하라."

인생을 사는 동안 우리는 수많은 사람을 만나게 된다. 만나고 헤어짐을 반복하겠지만 모든 관계에서 최선을 다하는 것은 매우 중요하다. 어떤 상황에서 어떻게 마주칠지 모르기 때문이다. 어떤 인연도 가볍게 여기지 않는 사람이 사람을 통해서 기회를 얻고 다른 사람에게 좋은 귀감이 될 수 있다.

나의 다짐

나는 .... 부분에 있어

매 순간 최선을 다하고 있다.

하 는 일 에 서 즐 거 움 을 찾 자

어차피 해야 할 일이라면 거기서 즐거움을 발견하라.
사람에게 '일'이란 자신의 존재 가치를 유지하는 보람된 것이다.

미리 철저히 대비하기

준비에 실패하는 것은
실패를 준비하는 것이다.
– 벤자민 프랭클린

'유비무환(有備無患), 거안사위(居安思危)' 등은 미리 준비하면 위험에 대비할 수 있다는 의미를 가지고 있다. 비록 작은 일일지라도 적을 경계하고 미리 대비하는 데 실수나 모자람이 있으면 돌이킬 수 없는 결과를 맞이할 수도 있다.

정치나 사업에 있어서 지도자적 위치에 있는 사람은 예상치 못한 상황이 닥쳤을 때를 대비해 방패를 미리 준비해 두는 것이 현명한 방법이다. 편안할 때 위기를 생각하지 않으면 안 좋은 상황이 눈앞에 펼쳐지고 나서야 수습을 하게 될 수밖에 없다. 오히려 안 좋은 상황을 미리 예측하고 대비책을 세우면 어떠한 어려움도 생기지 않을 확률이 더 높다. 이미 빈틈없이 대비했기에 두려움이 없어지는 것이다.

나의 다짐

돌발 상황을 미리 마련한 대책으로 극복한 경험으로는

.... 이(가) 있다.

이성과 비이성

모든 사람들은 이성의 인식과 감성의 요구 사이에서
끊임없는 전투를 벌이고 있다.

- 오프라 윈프리

우리는 감정적인 상태에서 하는 판단보다 이성적인 태도로 결정을 할 때 더 올바른 생각을 할 수 있다고 말한다. 그러나 인간이 가진 이성적 판단 능력이라는 것은 사실 많은 한계를 가지고 있다. 사람이 판단하는 일에 100% 이성만 작용하기란 사실상 어렵기 때문이다.

사람은 누구나 각자의 이익에 따라 나름의 신념과 처지에 대한 근거 및 변명의 여지를 가지고 있다. 그래서 감정이 이성을 제압하는 경우가 대부분이다. 그런데 두 사람이 의견 대립을 보이는 경우, 양자는 자기가 더 이성적이라고 믿는 경향이 강하다.

실제 사람이 행동하는 데 영향을 미치는 힘은 이성적인 데에서 오는 것보다 비이성적(심리적)인 데서 오는 경우가 훨씬 많다. 그래서 얼마든지 이성적으로 판단했다고 하지만 판단 능력이 왜곡되거나 한계를 가진 상태의 절반짜리 이성인 셈이다.

나의 다짐

어떤 일을 판단할 때, 나는 이성과 감성 중

에 더욱 많은 영향을 받는다.

반론을 좋아하는 사람

비판하거나 불평하는 것은 어떤 바보라도 할 수 있고,
대다수의 바보들이 그렇게 한다.
- 벤자민 프랭클린

간혹 주위를 보면 아무런 대안도 제시하지 않으면서 남이 하는 말에 무조건 반론만 제기하는 사람이 있다. 만약 그런 사람과 대화를 하게 된다면 즉시 대화를 매듭짓는 편이 좋다.

대화를 하다가 반대 의견을 제시하는 것이 그 사람의 명석함을 나타내는 경우도 있지만, 어느 정도여야 용인해줄 수 있는 법이다. 한도를 넘어서면 아무리 반론을 잘해도 인간성이 나쁜 사람으로밖에 판단되지 않는다.

반론을 좋아하는 사람은 타인에게 고통을 주는 듯한 분위기를 교묘히 즐긴다. 이런 상대와 마주하면 침묵하는 것이 상책이다.

나의 다짐

반론만을 제기하는 사람을 만난다면

나는 .... 하겠다.

인생의 설계자

사람은 경험에 비례해서가 아니라
경험을 수용할 수 있는 능력에 비례해서 현명해진다.
- 제임스 보즈웰

자신의 인생에 좋은 설계자가 되어라. 우연에 지배당하지 말고 토대를
단단히 굳힌 통찰로 경험을 쌓아 올려라. 긴 여행에는 몸과 마음에 활력
을 되찾아줄 숙소가 필요하듯, 인생에도 여유가 없으면 쉼 없이 이어지
는 고난의 여정과 다를 바 없다.

우리는 세계와 자기 자신을 알아가기 위해 태어났으며, 진리를 밝히는
서적을 탐독함으로써 진정한 인간이 된다. 그래서 인생의 한 시기에 저
명한 사상가나 작가의 작품을 친구로 삼는 일은 정말 유익한 일이고 중
요한 일이다.

인생의 조언을 모두 자기 것으로 만들어라. 그리고 지성 속에 살면서 철
학의 세계를 탐구하는 일이야말로 우리 인간에게 주어진 높은 수준의
재산임을 잊지 말자.

나의 다짐

나에게 감명을 준 조언은

.... (이)다.

인생의 빛이 되는 독서

한 권의 책을 읽음으로써
자신의 삶에서 새 시대를 본 사람이 너무나 많다.
- 헨리 데이비드 소로우

많은 인생 선배들의 방대한 사상과 관찰 경험을 우리가 활용하거나 발판으로 삼지 않는다면, 그리고 지식의 한계나 영역을 확대해 나가는 데 이용하지 않는다면 그것들이 과연 무슨 의미일까?

젊은 시절의 독서에는 설렘과 같은 신선함이 존재한다. 독서를 함으로써 세상의 비밀을 하나씩 알게 되고, 그것을 자신의 삶에 적용함으로써 빛나는 인생을 살게 되는 것이다.

지속적인 독서는 뇌의 활성도를 높이고 적절한 자극이 되어 다양한 영역이 골고루 활동할 수 있도록 돕는다. 게다가 우리가 일상에서 받는 스트레스를 완화해주고 인생을 사는 데 꼭 필요한 지식과 영감, 통찰력을 얻게 해준다.

책 속에 담긴 지식과 경험은 우리의 인간관계나 취미, 일상에 있어 또 다른 생각과 기회를 할 수 있는 도전을 만들어주고 그 도전에 원동력이 되는 힘을 제공해준다.

나의 다짐
책에서 얻은 경험 중 가장 기억에 남는 것은

.... (이)다.

평생 배워야 하는 이유

지혜는 학교에서 배우는 것이 아니라
평생 노력해 얻는 것이다.
– 알버트 아인슈타인

학습의 목적은 근본적으로 두뇌 단련에 있다고 볼 수 있다. 우리가 배우고 익히는 것은 자신의 발전과 성장을 위해서라도 절대 게을리해서는 안 된다.

'평생학습', '평생교육'에 대한 사람들의 이해와 관심이 높아졌다. 그만큼 배우고 익히는 것에 대해 절실한 필요성을 느끼게 되었고, 인생이 길어진 만큼 가치 있고 의미 있는 삶을 사는 것에 초점을 맞추게 되었기 때문이다.

사람이 태어나서부터 죽음에 이를 때까지 끊임없이 배우는 활동을 통해 우리의 생각을 넓혀주고 창의력과 통찰력을 기르는 데 많은 도움을 주는 것이 바로 학습의 힘이다.

무언가를 배우는 즐거움을 포기하지 마라. 그것은 자신을 알아가는 여정에서 지도와 나침반 없이 되는 대로 사는 삶과 다를 바가 없다.

나의 다짐

내 자신을 발전시키기 위해 .... 을(를) 배우고 있다.

혹은 배우고 있지 않다면, 앞으로 .... 을(를) 배우고 싶다.

나쁜 습관 이겨내기

성공한 사람은 실패한 사람이 좋아하지 않는 일을 하는
습관이 있는 사람이다.

- 토마스 에디슨

'인간은 곧 여러 습관의 덩어리'라고 말해도 과언이 아닐 정도로 습관에
의지하며 살아간다. 예를 들어, 평생 무거운 철목걸이를 차고 살아야 한
다고 생각해 보자. 살아 있는 한, 그 철목걸이를 무겁다고 느끼지 않는
시간은 없을 것이다. 아침에 눈을 뜬 순간부터 철목걸이의 무게에 짓눌
려야 하고, 밤에는 그 무거운 짐에 녹초가 되어 잠자리에 든다. 그리고
이 무거운 짐을 제거할 수 없다는 사실을 깨달을 때마다 한층 더 깊은
괴로움에 빠지게 된다. 하지만 이런 철목걸이 정도는 사람에 익숙해
진 여러 습관만큼 참기 어려운 대상이 아닐 뿐 아니라, 습관과 비교하면
쉽게 제거할 수도 있다.

습관은 쉽게 몸에 배어 버리는 습성이 있는데 나쁜 습관일수록 더욱 그
렇다. 오늘 대단한 것이 아니라고 생각했던 습관이 어느 순간 고정되고,
굵은 밧줄 같은 힘으로 옭아매 꼼짝 못하게 만든다. 굵은 밧줄은 가는
실을 여러 가닥 꼬아서 만들지만, 일단 완성되면 큰 배도 끌 수 있을 만
큼 막강한 힘을 가지게 된다는 사실을 잊지 말아야겠다.

나의 다짐

나의 나쁜 습관 중 하나는 .... (이)다.

극복을 위해 .... 하도록 노력하겠다.

습관은 제2의 천성

습관보다 강한 것은 없다.
- 오비디우스

어떤 종류의 습관이든 그것은 우리 몸에 금세 익숙해져 버린다. 시간의 사용법이나 일하는 방법, 사고방식이나 감정에 어떤 특정한 패턴이 생기는 것이다. 그럼 그것이 좋든 나쁘든 어느 순간 그 사람의 일부, 소위 제2의 천성이 되는 것이다.

오랫동안 살아온 집에서 60년간 늘 난로 앞자리를 차지하고 있던 노인이 재개발로 인해 이사를 한 순간 비탄에 빠졌다는 사실은 쉽게 이해가 될 것이다. 심지어 오랜 시간 감옥에 갇혀 있다가 석방된 한 죄인은 음침하고 어두운 지하실로 되돌아가고 싶다며 청원하기도 했다는 우스운 이야기도 있다.

이렇듯 생활 속에서 자신도 모르게 몸에 밴 습관은 그 뿌리가 무척 깊게 박힌다. 그래서 습관을 바꾸면 그만큼 자신이 쇠약해지거나 나약해지는 것은 아닐까 하는 두려움에 떨게 된다. 그런 이유로 더더욱 고칠 수 없게 되는 것이다.

나의 다짐

익숙함 때문에 생긴 나의 패턴은 어떤 것이 있는가?

좋은 습관은 젊을 때 들이기

실천하는 사람을 성공으로 이끌고,
꿈꾸는 사람을 실패로 이끄는 힘은 바로 습관이다.
- 찰스 두히그

40세 이후 중년에 접어들면 누구나 스스로 후회하거나 타인의 평가를 떨어뜨릴 만한 나쁜 습관을 몇 개쯤은 갖게 된다. 습관을 고치려고 해도 이미 자신의 전부가 되었을 만큼 몸에 배어 있기 때문에 좀처럼 고치기도 쉽지 않다. 게다가 그렇게 할 기력조차 잃은 상태가 되어 버린다.

그러므로 가능한 한 젊었을 때 좋은 습관을 가지려고 노력해야 한다. 좋은 습관을 만들고 나쁜 습관을 버리기 위해서는 지속적으로 꾸준히 행동에 옮겨야 하는 만큼 무척이나 어려운 일이다. 그리고 좋은 습관을 만드는 것보다 나쁜 습관을 빨리 버리려고 애쓰는 게 더 중요하다. 좋은 습관은 시간을 두고 계속 반복하여 길들이면 되지만 나쁜 습관은 이미 몸에 배어 있어 버리기가 더 힘들기 때문이다. 그러므로 '올바른' 습관, 그로 인해 나날이 쾌적해지고 의미가 깊어질 것 같은 습관을 몸에 익히라는 것이다.

나의 다짐

나의 습관 중 좋은 습관은

.... (이)다.

인생은 하루의 축적

매일 아침 하루 일과를 계획하고 실행하는 사람은,
극도로 바쁜 미로 같은 삶 속에서 그를 안내할 한 올의 실을 지니고 있는 것이다.
－ 빅토르 위고

일정상 많은 일을 해야 한다면 전날 밤에 계획을 차분히 정리해 두고, 아침에 일어나 다시 한 번 확인한 뒤 실행에 옮기면 좋다. 이렇게 미리 계획을 세워 두면, 그렇지 않은 경우보다 놀랄 만큼 많은 일을 해낼 수 있다. 예를 들어, 내일 입고 나갈 옷을 미리 전날 밤에 정해두는 것이다. 소중한 아침 시간에 뭘 입을지 고민하며 헛되게 보내지 않아도 되기 때문이다. 의상에 대한 고민으로 시간을 불필요하지 보내지 않기 위해 매일 같은 옷을 입는 사람들도 있을 정도이다.

인생은 결국 하루하루의 축적이라는 사실을 잊지 말아야 할 것이다. 이는 세상사 모든 일에 적용된다고 할 수 있다.

나의 다짐

자기 전에는 .... 을(를) 정리하고,

다음날 기상 후에는 .... 을(를) 확인하자.

FIFTH

5

멈추고
....
쉬고픈 나에게

위험한 충고

자신의 힘과 젊음을 믿어라.
모든 것은 당신이 하기 나름이다.
- 앙드레 지드

우리는 모두 행복하게 살기 위해 최선의 노력을 다하며 살고 있다. 누구도 불행한 삶을 바라지 않으며 누군가의 삶에 불행과 행복을 결정할 자격도 의미도 없다. 오로지 자신의 삶에 대해서 책임지고 판단하며 살면 그것으로 만족스럽게 여기기 마련이다.

그래서 남을 위한 충고는 늘 조심스럽게 해야 하고, 그 충고들은 위험할 수 있다. 우리 각자는 생각이 모두 다르고 그에 따른 판단도 모두 다르게 내린다. 어느 누구의 관점에서도 어떤 한 사람의 삶에 대해 이렇다 저렇다 판단할 수 없다.

남의 충고에 따라 자신의 인생을 좌지우지하는 사람은 결코 자신이 바라는 인생을 살 기회를 얻지 못한다. 어느 날 갑자기 자신의 길을 완전히 잃어버린 것 같은 느낌이 들 수 있다.

우리는 누군가가 되려는 노력보다 나 자신이 되려는 노력을 해야 한다.

나의 다짐

나 자신이 되려는 노력의 첫 걸음으로

.... 해야겠다.

먹구름을 몰아내는 기술

교류하며 지내라.
고립되지 말아라.
- 마이클 조던

초년기부터 집안 환경이나 교우관계에 의해 어두운 자질만 키워져 결국 빛을 멀리하게 된 사람들이 있다. 안타깝게도 고립에서 위로를 찾는 이들은 사랑이 넘치는 사람들과도 접촉하려 들지 않는다. 이런 불행한 성격 탓에 그들은 타인이 무언가를 했다는 이유로 혹은 뭔가를 할지도 모른다는 이유로 한결같이 상대를 의심하고 경계한다. 또한 이런 사람들은 기분이 시계추처럼 왔다 갔다 해서 어떤 때는 기분 나쁠 정도로 침묵을 지키는가 하면, 또 어떤 때는 사나울 만큼 사람을 책망하기도 한다. 게다가 흥분하면 극단적인 행동을 하기도 한다.

얼음과도 같은 마음을 지닌 이런 유형의 사람은 타인들을 위협하기도 하지만, 결국 자기 자신을 가장 크게 위협하고 있는 셈이다. 절망의 늪에 몰린 순간 그들은 마음이 넓은 사람에게 의지하려 든다. 그러나 이런 미묘한 관계를 유지하는 것 자체가 그들에게는 어려운 일이기 때문에 결국 실패로 끝나는 경우가 많다. 그들 대부분이 자신을 덮고 있는 먹구름을 털어내는 기술을 모른다는 것이 더욱 커다란 문제이다.

나의 다짐

지금 나를 덮고 있는 먹구름은

.... (이)다.

중심을 잃지 않는 태도

가슴 깊은 신념에서 말하는 '아니오'는 그저 다른 이를 기쁘게 하거나
위기를 모면하려 말하는 '예'보다 더 낫고 위대하다.
- 마하트마 간디

어떤 집단에서 중요한 사람이 되려면 늘 앞서가서도, 늘 어릿광대 역할을 맡아서도 안 된다. 무리하게 칭찬을 얻으려고 하면 오히려 비웃음만 당하기 쉽다.

뛰어난 임기응변으로 인기를 누린다고 해도 결국 대중이 나아가는 것 이상으로 나아갈 수는 없다. 또한 공공연히 어리석은 사람으로 간주되면 생각이 없는 사람이라고 의심을 받을 수도 있다. 즉, 단 하루의 어리석은 행농이 나머지 전 생활에 불리하게 작용하는 손해로 작용힐지도 모르는 일이다.

그렇다고 대세에서 멀어지라는 뜻은 절대 아니다. 그럴 경우 오히려 그들을 비판하거나 비난한다는 오해를 살 수도 있기 때문이다. 분위기를 보면서 대세를 따르고, 그 안에서 자기 자신의 중심을 잃지 않는 것이 중요하다.

나의 다짐

무리하게 칭찬을 받으려거나, 인기를 얻기 위한 행동이 있었는지 생각해 보자.

지나친 자부심의 결말

헤엄 잘 치는 자도 물에 빠지고,
말 잘 타는 사람도 말에서 떨어진다.

-《회남자淮南子》〈원도훈原道訓〉

그리스 로마 신화에서는 유독 오만에 대한 처벌을 무겁게 내린 모습을 볼 수 있다. 지나치게 오만한 자는 소중한 모든 것을 잃거나 자신의 목숨을 잃게 되는 비극적인 결말을 맺는다.

자부심이 높은 사람은 정말 멋있게 보이지만, 그 자부심이 다른 사람들에게 눈살을 찌푸리게 한다면 분명 잘못된 자부심일 것이다.

자신감이 있는 것과 자기 자랑은 분명히 다르다. 자연스럽게 배어나오는 자신감은 상대방에게 신뢰감을 주고 전문가적인 분위기를 내기 때문이다. 이제는 자신을 드러내고 표현해야 하는 시대이므로 이는 아주 긍정적인 모습이다. 그러나 자신의 행동에 대해 부풀려 이야기하거나 자신의 입을 통해 떠벌리는 모습은 누가 봐도 그간의 행적을 깎아먹는 행위에 불과하다.

지나친 자부심은 다른 사람들에게 안 좋은 기억으로 남을 가능성이 높으니 자제해야 할 것이다.

✎ 나의 다짐

내가 정의하는 '자신감'은 .... (이)며,

내가 정의하는 '자만심'은 .... (이)다.

분노를 제어하는 힘

분노는 당신을 더 하찮게 만드는 반면
용서는 당신을 예전보다 뛰어난 사람으로 성장하게 한다.
- 셰리 카터 스콧

하찮은 일로 타인의 감정을 해치는 사람들이 있다. 그들은 여러 사람 사이에 쉽게 섞이지만 곧 소외당하는 일이 비일비재하다. 그들은 또한 산더미만한 불만거리를 안고 있지 않은 날이 단 하루도 없다. 그들의 사고방식이나 인식은 늘 예상이 빗나가는 쪽을 향하고 있기 때문에 무엇을 봐도 결점에 대해서만 왈가왈부한다. 그리고 자기 자신은 무엇 하나 성실하게 해내지 않으면서 타인의 노력에 대해서는 득달같이 트집을 잡는다.

이런 성향을 가진 사람들은 주변 사람은 물론, 스스로도 곤란에 빠뜨린다. 그런데도 그들은 부정적인 말을 하기 전에 한 번 생각해 보는 것이 마음속의 하찮은 분노와 불만족을 제어하는 힘이 된다는 것 자체를 전혀 고려하지 않는다.

입 밖으로 분노에 찬 말이나 불만의 말을 내뱉지 않으려면 자기 자신을 통제하는 힘이 필요하다. 의식적으로 노력하지 않으면 내내 그렇게 살 수밖에 없다.

나의 다짐
순간의 분노를 제어하기 위해 의식적으로

하겠다.

마음은 말로 표현된다

남의 말을 경청하라.
귀가 화근이 되는 경우는 없다.
- 프랭크 타이거

말은 야수와도 같아서 한 번 놓치면 다시 잡아 사슬에 묶기가 무척 어렵다. 충동대로 행동하고 격정에 빠져 자신을 잊어버리는, 즉 마음이 혼란한 사람은 자제력을 잃게 되는 것이다. 이들은 단지 타인에게 이야기를 들려주고 싶을 뿐, 이야기를 하고 난 뒤의 상황 따위는 전혀 신경 쓰지 않는다.

이런 유형의 사람들은 타인의 이야기를 거의 듣지 않는다. 질문을 받기 전부터 이미 대답을 찾기 때문에 당연히 잘못된 대답을 내놓을 수밖에 없다. 게다가 상대가 참을 수 없어 할 만큼 자기 이야기에만 얽매이기 때문에 들어주는 상대도 수시로 바뀐다. 시시한 수다의 집중 공격을 받으면 싫증을 내지 않을 사람이 누가 있겠는가? 만일 이런 사람에게 듣는 귀가 있다면 누군가가 그의 이야기를 가로막고 이렇게 속삭여줄 필요가 있다.

"자기 자신의 주인이 되기 위해서는 마음에 떠오른 것들에 사로잡혀 늘 혼란스러워서는 안 된다."

___ 나의 다짐

나는 주로 말을 하는 편인가, 듣는 편인가?

직관에 의지하라

직관은 신성한 재능이고
이성은 충직한 하인이다.
– 알버트 아인슈타인

경우에 따라서는 불현듯 떠오르는 일이나 맨 처음 생각했던 대로 밀고 나가는 것이 좋을 때가 있다. 제법 상황 파악이 될 법한 상황에서는 더욱 그렇다.

일부의 사람들은 '직관이라는 것은 느낌에 불과하므로 그것을 믿고 행동에 옮기다가는 일을 그르치게 될 확률이 높다'고 말하기도 한다. 그러나 생각이라는 것을 계속 할수록 오히려 처음 느낀 직관에서 한참 벗어나 실수를 하게 되기도 한다. 만일 그럴 경우 더욱 큰 실수를 범하지 않도록 주위의 현명한 멘토에게 조언을 구해 보자. 그는 인생의 풍부한 경험을 바탕으로, 기꺼이 당신에게 '무엇을 언제 해야 하는지' 분별하는 직관을 당신에게 보여줄 것이다.

어리석은 사람이 뒤로 미루는 일을 현명한 이는 즉시 시작한다. 물론 이 둘의 행동에는 큰 차이가 없다. 다만 직관의 차이가 있을 뿐이다. 즉, 현명한 사람은 좋은 시기에, 어리석은 사람은 어긋난 시기에 일을 시작하는 것이다.

나의 다짐
직관과 분별력을 기르기 위해 내가 할 일은

.... (이)다.

어리석음에 대비하기

전문가란 거대한 오류에 휩쓸릴 때도
사소한 실수를 피하는 사람이다.

– 벤자민 스톨버그

우리는 늘 고집, 건방, 자만심 그리고 이외 모든 종류의 어리석음에 대비하는 삶을 살아야 한다. 이런 것들은 우리가 모르는 사이에 의식을 잠식하고 어리석은 일을 되풀이하도록 프로그래밍화한다. 사람은 누구나 이 세상에서 수많은 어리석음을 겪게 되고, 그것들을 피하기 위해 이성과 지혜가 필요한 법이다. 조심이라고 하는 거울 앞에 서서 매일매일 인내로 무장하고 어리석음에 대비하라. 더불어 이성과 지혜를 차곡차곡 쌓아놓으면 시시한 일에 구애받지 않아도 된다.

세상이라는 바다에서 거친 파도는 크나큰 시련이 아닐 수 없다. 게다가 도처에 바윗덩어리들이 놓여 있어 특별히 실패하지 않아도 좌초할 수 있다. 따라서 바위를 피하는 가장 좋은 방법은 그것을 우회해서 가는 것이다. 마찬가지로 어리석음을 만났을 경우, 그것을 못 본 척하고 그냥 지나치는 것이 가장 현명한 방법이다. 이것은 나의 어리석음으로 인한 다툼으로 이어지지 않는 원만하면서도 현명한 방법이다.

나의 다짐

나도 모르는 사이 내 의식을 잠식하는 것에는 어떤 것들이 있나?

인간관계의 지혜

불쾌하게 여기는 농담만큼
그 사람의 인격을 분명히 드러내 주는 것도 없다.

- 게오르크 리히텐베르크

사회생활을 할 때는 자신이 다른 사람에게 웃음거리가 되었을 때의 대응책도 마련해 두어야 한다. 타인의 농담을 가볍게 받아 넘기는 것은 일종의 호의라고 할 수 있다. 유머가 있는 소소한 대화는 그 자리를 밝고 즐겁게 만들기 때문이다.

만약 누군가에게 기분 나쁜 농담을 들었다면 겉으로는 초조함이나 불쾌감을 드러내지 않도록 유의해야 한다. 눈치 채지 못한 척해도 좋고, 가장 무난한 방법은 선뜻 받아 넘기는 것이다. 농담에 대한 과장된 반응은 소탈하고 즐거운 분위기에 그림자를 드리우고 때로는 험악한 공기를 만들 수도 있다. 이럴 때 지혜롭게 대처할 수 있는 자기만의 방식을 만들어 놓으면 인간관계에서 편리하게 써먹을 수 있다. 따라서 여러 사람 앞에서 농담을 할 때는 그것이 상대를 어떤 기분으로 만들지에 대해서까지도 고려해야 한다.

나의 다짐

나를 기분 나쁘게 하는 농담은 .... (이)다.

이를 들을 때마다 .... 하며 유연하게 행동하자.

고집은 승리가 아니다

청년기의 자존심은 혈기와 아름다움에 있지만,
노년기의 자존심은 분별력에 있다.

– 데모크리토스

한낱 자존심 때문에 옳든 그르든 상관없이 자기 의견만을 고집하는 사람들이 있다. 이러한 습성은 실행에 옮겨짐으로써 한층 더 괴롭게 된다. 완고한 말보다 완고한 행동이 훨씬 더 큰 손해를 가져오기 때문이다. 자존심이 강하고 고집이 센 사람은 그 자존심과 고집을 건드리는 일에 대해 감정이 먼저 반응한다. 귀에 쓴 조언을 듣더라도 반성이나 깨달음보다 언짢은 기분이 먼저 감정을 상하게 하기 때문에 그 뒤의 조언은 저 멀리 흩어져 버리곤 한다.

강한 자존심을 스스로를 방어하는 가장 강력한 무기라고 생각하는 사람도 있지만 그 강력한 무기 뒤로는 너무나 약하고 초라한 자신의 모습이 숨어 있다는 것을 깨닫지 못한다.

나의 다짐

조언을 들을 때 나의 반응은 감정적인가 이성적인가?

09

인 생 다 짐

존중받고 인정받는 사람이 되자

다른 사람에게 인정받기 위해서는
나부터 다른 사람을 그대로 인정해주는 것이 먼저다.

자연스러움이 사랑스럽다

평판이란 남이 아는 당신 모습이다.
명예는 당신 자신이 아는 스스로의 모습이다.
- 로이스 맥마스터 부욜

거드름은 사람에게 어울리지 않는 부자연스러운 행동이다. 그래서 누구에게나 꺼려질 뿐 아니라, 끊임없이 자신의 말과 행동을 확인하고 꾸며야 하기 때문에 자신에게도 여간 고통스러운 일이 아니다.

남들에게 인정받고 존경받는 사람일수록 겉치레를 필요로 하지 않는다. 사람은 누구나 인위적인 것보다 자연스러운 것을 좋아하기 때문이다. 자신감과 안목을 갖춘 사람도 자신의 역량을 과시하지 않는다. 그것은 숨겨져 있을 때에만 사람을 끌어당기는 매력을 발휘하기 때문이다. 모든 점에서 뛰어나면서도 거드름을 피우지 않고 담담한 사람은 한층 더 위대하다.

나의 다짐
최근 내가 보인 부자연스러운 행동에는

.... 이(가) 있다.

진짜 리더의 조건

리더는 카오스를 즐기고
모호함을 견딜 수 있어야 한다.
– 테리 켈리

"리더십은 평온할 때가 아니라 급격한 위기가 찾아왔을 때 발휘되는데 위기 때 보이는 리더의 행동이 진짜 그 사람이다."라는 말이 있다. 결국 리더는 단순히 업무를 지시하는 사람이 아니라 어려운 상황이 닥쳤을 때 어떻게 해결하는가에 그 리더의 역량이 고스란히 드러난다고 볼 수 있다.

조직이라는 것은 리더의 성향에 따라 많은 변화를 겪는데 어떠한 리더를 만나는가에 따라 끝없이 성장하는 조직으로 발전할 수도 있고, 점차 썩은 물이 되어 쥐도 새도 모르게 조용히 몰락하는 조직이 될 수도 있다. 진짜 리더는 사람됨의 크기가 그 지위를 능가하는 법이다. 그리고 위선이나 허식과는 거리가 먼 데다 기대 이상으로 일을 해냄으로써 부하들에게 삶의 목표가 된다.

___나의 다짐

나에게 귀감이 된 리더는 .... (이)며,

그 이유는 .... (이)다.

자신만의 시간을 가지기

내가 확신하는 한 가지는 신체가 아닌
마음의 평화가 치유의 척도라는 것이다.
- 조지 멜턴

하루 중에 오로지 자신만을 위한 시간을 가지기 위해 애써라. 애쓰라고 말하는 이유는 직장에서나 가정에서나 우리는 은연중에 다른 사람의 기대대로, 다른 사람이 원하는 대로 끌려가는 일이 많기 때문이다.

평소 자신이 하고 나면 기분이 좋아지거나 스트레스가 풀리는 일들의 목록을 적어두고 혼자만의 시간이 생길 때마다 목록에 적힌 일들을 여유롭게 즐겨라. 인생에서 하고 싶은 일을 발견하기 위해 매일 조금씩이라도 노력해 보사.

차분하게 앉아 독서하기, 사람들의 설렘이 느껴지는 공항에 앉아 차 마시기, 따뜻한 물에 족욕하기, 유쾌한 사람들과 시간 보내기 등 하면 마음이 편안해지고 힐링이 되는 나만의 방법을 찾아보는 것도 좋은 방법이다.

나의 다짐

피곤하고 지칠 때, 나만의 힐링 방법은

.... (이)다.

실패를 잊어버리기

누구나 실수를 저지를 수 있지만, 중요한 것은 그 다음에 어떻게 대처하느냐이다. 현명한 사람은 실패를 해도 그 흔적을 남기지 않는 반면, 어리석은 사람은 한 번의 작은 실수에도 의기소침해지고 세상이 모두 자신을 등질 거라는 생각에 파묻혀 지낸다.

인생을 살다 보면 온 세상이 나를 돕는 듯 잘 풀리는 일이 있는가 하면 아무리 해도 안 될 것 같은 일도 있기 마련이다. 그러한 일상에서 작은 실패에 연연하며 좌절하고 실망하는 것은 바보 같은 행동이다.

실패에서는 내가 받아들여야 할, 또는 앞으로 같은 실수를 반복하지 않기 위한 교훈만 내 것으로 취하고 그 즉시 잊어버리는 것이 정신 건강에도 이로울 것이다.

나의 다짐

실수를 저지른 후, 나는 어떻게 대처하고 있는가?

숨은 성공자들

실패하는 길은 여럿이나
성공하는 길은 오직 하나다.
- 아리스토텔레스

성공한 사람들은 거의 대부분 같은 법칙을 적용하여 삶을 변화시킨다. 우리는 성공을 거두는 데에 성공자들마다 독특한 방법이 있을 거라 생각하지만 거기에는 전혀 새로운 방법이 있는 것이 아니라 이미 존재해 왔던 법칙들을 삶에 적용하여 성공을 이끌어내는 것이다. 성공자들은 그 법칙들에 대해 분석하고 꾸준히 실천으로 노력해온 사람들인 셈이다. 자신의 꿈을 이루고 부를 창조하며 세상을 행복하게 살아가는 사람들은 쉽게 우리 눈에 띄지 않는 경우가 많다. 그들은 애초에 남의 시선을 신경 쓰지 않으며 남들이 관심 갖지 않는 새로운 도전을 사랑하고 위험을 기꺼이 감수해내기 때문이다.

당신이 만약 열심히 일을 하는데도 실패를 거듭한다면 주변에 숨은 성공자를 찾아 나서라. 그리고 그들의 업적 중에서 당신이 진심으로 따르고 존경할 수 있을 만한 것을 발견하여 열심히 연구하라.

나의 다짐

내 주변의 성공자들을 떠올린 후 그들의 공통점이 무엇인지 적어 보자.

'누가'보다는 '어떻게'

솔직한 의견 차이는
대개 진보를 위한 좋은 신호다.
- 마하트마 간디

2014년 구글에서는 매우 특별한 실험이 진행됐다. 회사 내에서 어떤 팀은 뛰어난 성과를 내는 반면 어떤 팀은 그저 그런 결과를 만들어내기 때문이다. 왜 이런 결과가 나타날 수밖에 없는지를 연구하기 위한 실험이었다.

후문에 의하면 이 실험에 대한 결과는 구글 내에서도 굉장히 충격적이었다고 한다. 뛰어난 인재만을 영입하기로 유명한 구글에서 '팀이 어떤 사람으로 구성되어 있는가보다는 그 구성원들이 어떻게 소통하고 의견을 주고받는지가 팀 성과에 가장 큰 영향을 미친다'는 결과가 나왔다.

팀이라는 하나의 그룹이 만들어진 이상, 개개인이 얼마나 똑똑하고 영리한가에 상관없이 팀이 얼마나 자유롭게 소통할 수 있고 자신의 의견을 마음껏 드러낼 수 있는가 또는 팀의 목표와 각자의 역할, 팀의 비전 등에 대해 얼마나 명확히 알고 있는가에 따라 업무 성과가 높아진다는 의미이다.

나의 다짐
상대방과 효과적으로 소통하기 위해서 어떤 방식을 사용해야 할까?

풍요로운 패배자

인격은 그 사람의 운명이다.
- 헤라클레이토스

어느 지방에 넓은 땅과 어마어마한 재산을 가진 남자가 있었다. 그의 거만하고 무례한 태도는 차마 눈 뜨고 볼 수 없을 지경이었지만, 그 지방 대부분의 사람들이 그에게 고용되어 있었기 때문에 아무도 그를 무시하지 못했다. 그 남자는 어느 누구에게도 존경과 사랑을 받지 못했으며, 주위 사람들은 기회만 있으면 그에게 붙어 이용해 먹으려고만 들었다. 많은 사람의 눈에 그 남자는 불쌍한 인간으로 비칠 뿐이었다.

그가 만일 자신의 소유물에 필적할 정도의 정신적 산물을 가지고 있었다면 얼마나 위대한 인물이 되었을까? 신의 조화가 무한하고 넓고 커서 끝이 없듯, 훌륭한 자라면 역시 모든 일에 있어서 위대하고 장엄해야 한다. 훌륭한 자질과 언행은 간혹 타고나는 경우도 있지만 스스로가 얼마나 노력하고 의식적으로 그것을 알아차리느냐에 따라 충분히 만들어나갈 수 있다. 그 남자는 이런 점을 갖추지 못했기 때문에 가장 풍요로운 패배자가 된 것이다.

나의 다짐

내가 생각하는 '풍요로운 패배자'란

.... (이)다.

명확한 계획의 필요성

나는 전투를 준비하면서 계획은 무용하나
계획하는 것은 꼭 필요함을 항상 발견해왔다.
- 드와이트 아이젠하워

어느 추운 겨울 아침, 한 남자가 높이 쌓인 눈 속에서 길을 내고 있었다. 매우 추운 아침이었다. 마치 충분한 보상이라도 받기로 한 것처럼 열심히 하긴 했지만, 일에는 진척이 없었다. 그러는 사이 숨이 차기 시작했고, 남자는 휴식을 취했다. 잠깐의 휴식을 가진 남자는 자리에서 일어나 삽으로 가득 풀 수 있는 눈의 양만큼씩 길에 구획을 만들어 나갔다. 그런 다음 눈을 치우기 시작하자 조금 전에 계획 없이 할 때는 30분 이상 걸렸던 일이 15분도 채 안 되어 끝났다. 게다가 훨씬 더 쉽고 즐겁게 일을 할 수 있었다.

경험상, 계획 없이 일을 하면 계획을 세웠을 때에 비해 반 정도밖에 이룰 수 없다는 사실을 잘 안다. 일에 최대한 집중해야 최대의 성과를 올릴 수 있다는 사실은 누구나 알고 있을 것이다. 이처럼 어떤 일이든 명확한 계획을 세워서 일을 처리해 나가면 많은 힘을 들이지 않고도 좋은 성과를 올릴 수 있다.

_{나의 다짐}

계획 없이 일을 할 때와, 계획을 세우고 일을 했을 때의 차이는

......(이)다.

꿈 대신 근면

세상은 영웅들의 거대한 추진력에 의해서만이 아니라,
성실한 일꾼들의 조그만 추진력이 합쳐져서도 움직인다.
- 헬렌 켈러

벤자민 프랭클린은 "헛된 꿈을 꾸는 대신 근면하라."라고 말했다. 자신이 천재라고 믿으며 '조금만 더 기다리면 항해에 좋은 날씨가 찾아온다'고 생각한다면, 얼른 이런 착각에서 벗어나는 것이 현명하다. 근면이라는 대가를 지불하지 않고는 이 세상에서 얻을 수 있는 것은 단 하나도 없다. 큰 성과를 기대하지 않고 끈기 있게 노력을 반복하는 것만이 일을 훌륭히 완수하는 첫걸음이라는 사실을 명심해야 할 것이다. 노력에 의해 완수된 입직에는 그에 견줄 만한 선물도 함께 찾아오는 법이다.

옛날 사람들은 놀랄 만큼 많은 분량의 서적을 집필했는데, 그 비결은 무엇보다도 '근면'에 있다. 하루 3시간씩 열심히 걸어서 7년이면 지구를 한 바퀴 돌게 되는 이치와 같다.

날로 치열해지는 삶 속에서 "아무리 근면하고 성실해도 나아지는 게 없다."고 말하는 사람들이 있다. 그러나 그렇다고 해도 다른 뾰족한 대안이 있는 것도 아니다. 근면과 성실은 삶 그 자체에 에너지와 원동력이 되는 가장 기본이 되는 태도이다.

나의 다짐
내 삶에서 가장 성실한 순간은

.... 할 때이다.

게으름도 습관이다

행동 계획에는 위험과 대가가 따른다. 하지만 이는 나태하게 아무 행동도
취하지 않는데 따르는 장기간의 위험과 대가에 비하면 훨씬 적다.
– 존 F. 케네디

사람에게 게으름만큼 유해하고 치명적인 습관이 없다. 또한 이것만큼
몸에 배기 쉽고 끊기 어려운 습관도 없다. 게으른 사람은 점점 엉덩이가
무거워진다. 인도 속담에 '달리는 것보다 걷는 편이 좋다. 걷는 것보다
꼼짝 않고 서 있는 편이 좋다. 서 있는 것보다 앉아 있는 편이 좋다. 앉아
있는 것보다 누워 있는 편이 좋다'는 말이 있다. 게으른 사람은 정말 자
신도 모르는 사이에 이 격언대로 살고 있을 것이 뻔하다.

게으름도 습관에 불과하다. 나쁜 습관은 가능하면 빨리 버리고 좋은 습
관을 들이도록 노력하라. 항상 자신을 향해 관리자가 되려는 태도를 들
여야 한다. 어떻게 하면 스스로에게 더 좋은 관리자가 될 수 있는지를
고민하라.

나의 다짐

게으름의 굴레에서 벗어나기 위해

.... 하겠다.

좋은 습관을 길들이자

습관은 평생 나와 함께한다.
　　　　그러니 처음부터 좋은 습관을 만드는 것이 중요하다.

10

인 생 다 짐

습관을 내 것으로 만들기

인간이란 습관 들이기 나름인가 보다!

– 윌리엄 셰익스피어

바람직한 습관을 몸에 익힐 수 있을지 여부를 걱정할 필요가 없다. 그것은 반드시 되도록 되어 있기 때문이다. 더구나 처음에 생각하던 것보다 훨씬 더 빨리 몸에 익힐 수 있다. 같은 말, 같은 일을 매일 같은 시간에 반복하기만 하면 되는 것이다. 그럼 어느 순간 그것이 습관으로 굳어져 쉽게 할 수 있다.

아무리 성가신 일이라도 상관없다. 오직 한결같이 매일, 그것도 예외 없이 규칙적으로 반복하기만 하년 틀림없이 즐거운 일로 바뀌게 되어 있다. 습관이란 모두 이와 같은 과정을 거쳐서 만들어지는 것이다.

예를 들어, 당신이 9~10시간 동안 책상 앞에 앉아 공부만 할 수 있다고 가정해 보자. 하지만 이런 일이 습관화되어 있지 않은 육체노동자나 운동선수들은 당신처럼 그렇게 앉아 있는 일이 불가능하다.

누구나 좋은 습관을 가질 수 있다. 따라서 당신이 생각하는 바람직한 습관이 무엇인지를 찾아보고, 어떻게 하면 그것을 몸에 익힐 수 있을지 구체적으로 고민해 보자.

나의 다짐

반복을 통해 즐거운 습관이 된 나의 행동으로는

.... 이(가) 있다.

정신적인 성숙함

성숙하다는 것은 다가오는 모든 위기를
피하지 않고 마주하는 것을 의미한다.

– 프리츠 쿤켈

스티브 잡스는 "모든 외부의 기대와 자부심, 좌절과 실패에 대한 두려움 그런 것들은 죽음 앞에 아무것도 아니기 때문에 진정으로 중요한 것만 남기게 된다. 죽음을 생각하는 것은 당신이 무엇을 잃을지도 모른다는 두려움의 함정을 벗어나는 최고의 길이다."라고 말했다. 그래서 그는 늘 매일 아침 거울을 보며 "내가 내일 죽더라도 지금 할 일이 무엇인가?"를 물었던 것이다.

매일을 최후처럼 절박하게 사고하면서 자신이 하고 싶은 일에 집중하고 매진하는 삶을 신조로 삼아라. 총명한 사람은 침착한 말과 행동이 정신 세계를 표현하는 수단이라는 사실을 잘 알고 있다. 이러한 수단은 권위, 불확실함, 불안, 결말, 물음 등과도 이야기를 나눌 수 있다.

성숙하면 할수록 사람은 사람다워진다. 성숙에 의해 비로소 사람은 아이의 틀에서 벗어나고, 권위도 얻는 것이다.

나의 다짐

지금 나에게 가장 두려운 것은 .... (이)다.

이를 극복하기 위한 나의 신조는 .... (이)다.

신중함과 조심성

인생에서 성공하려거든 끈기를 죽마고우로, 경험을 현명한 조언자로,
신중을 형님으로, 희망을 수호신으로 삼으라.

- 조지프 애디슨

옛 속담에 '돌다리도 두드리고 건너라'는 말이 있다. 이는 조심성과 신중함을 갖춰야 함을 빗댄 말이다. 안 좋은 일은 늘 우리가 방심하는 순간에 찾아온다. 그러니 절대 방심해서는 안 된다. 정신, 사고방식, 인내, 겉모습 등 모든 것이 빈틈없이 유지되도록 하는 데 게으름을 피워서는 안 된다.

경계를 늦추면 기회를 노리던 상대가 이때라는 듯 가차 없이 당신을 괴롭히고 차내어 결국 떨어뜨릴 것이다. 축제의 날은 사전에 공지되지만, 음주운전 측정 같은 검열은 언제 이루어질지 모른다는 사실을 언제나 명심하라. 그러니 늘 조심성을 유지하는 일에 게으름을 피워서는 안 된다.

나의 다짐

내가 방심하는 순간은 주로

.... (이)다.

작은 결점 고치기

내 경험으로 미루어 보건대,
단점이 없는 사람은 장점도 거의 없다.

- 에이브러햄 링컨

사소한 단점을 고치지 못해서 큰일을 하지 못하는 사람들이 많다. 마치 산 정상은 멀리 보이는데, 올라가는 길을 찾지 못하고 있는 것과 같다.

잘 관찰해 보면, 대부분의 사람들은 작은 결점만 고치면 좀 더 뛰어난 인물이 될 가능성이 높다는 사실을 깨닫게 될 것이다. 어떤 사람은 성실하지 못해 훌륭한 재능이 눈에 띄지 않고, 또 어떤 사람은 끈기가 부족해 문제가 된다.

특히 두각을 나타내기 시작한 사람의 결점은 주위의 눈에 더 띄기 쉽다. 불성실, 성급함, 탐욕, 실없는 말 등의 사소한 결점은 조금만 조심하고 주의하면 쉽게 극복할 수 있는 것들이다.

작은 티끌 하나가 잘 돌아가던 대형 기계를 멈추게 할 수 있는 것처럼 사소한 문제라도 그냥 넘어가지 말고 자신의 장점으로 만들 수 있어야 한다.

나의 다짐

앞으로 고쳐야 할 나의 사소한 단점에는

이(가) 있다.

소통을 이끄는 핵심 열쇠

첫인상은 누구도 두 번 줄 수 없다.
그러나 첫인상의 위력은 의외로 막강하다.
- 주디 갈랜드

어느 웹사이트를 열었을 때 로딩 시간이 길어지면 4명 중의 1명은 기다리지 못하고 바로 사이트를 떠난다고 한다. 점점 참거나 기다리는 것을 하지 못하는 현대인들의 모습을 그대로 반영하는 대목이다.

요즘 같은 시대에는 단 몇 초 만에 상대방의 주의를 끌 수 있느냐 없느냐가 비즈니스의 성공과 실패를 가르는 중요한 척도가 되고 있다. 이는 단순히 관심을 끄는 일이 아니라 다른 사람으로부터 가치와 존중을 받는 일이다. 그러므로 주의를 끄는 일은 타인과의 소통과 관계를 여는 핵심 열쇠라 할 수 있다.

수많은 지원서 사이에 내 지원서가 돋보이게 하기 위해서는 지나친 겸손함보다 적극적으로 자신의 잘한 일을 부각하고 의사 결정자의 눈에 들 수 있도록 주의를 끌 수 있어야 할 것이다.

사람의 관심을 끄는 훈련을 하라. 사람들은 당신의 질문이나 주장의 깊이에 따라 당신이 어떤 유형의 인간인지를 판단한다.

나의 다짐

사람들의 주의를 집중시켰던 나의 행동에는

.... 이(가) 있다.

아부의 기술

아첨은 모두 옳다.
고지식하게 그대로 받아들이지 않는다면.
- 아들라이 스티븐슨

《아부의 기술》이라는 책에서 저자는 아부를 '전략적인 칭찬, 특별한 목적을 추구하는 수단으로써의 칭찬'이라고 정의하며 적절한 아부야말로 인간관계의 윤활유라고 말했다.

우리는 보통 '아부'라고 하면 부정적인 측면을 많이 떠올린다. '상사에게 잘 보이려는 계략, 승진을 위한 뒷거래, 선거에서 이기려고 순간에만 잘하는 척하는 것' 등이 바로 우리가 가진 아부의 그늘이다.

그러나 아부를 잘만 활용하면 능력에 플러스가 되는 요인으로 작용하여 조금은 쉽게 자신이 원하는 것을 얻을 수도 있다. 모든 일을 어렵게만 접근할 필요가 없고 때에 따라서는 어려운 일을 비교적 간단하게 해내는 것도 능력이 될 수 있다. 인간관계에서 지나치게 완고한 태도는 간혹 손해를 주기도 한다는 점을 명심하자.

나의 다짐

내가 활용할 수 있는 긍정적 아부로는

.... 이(가) 있다.

최악에 대비하기

운명의 기복은 사람의 신뢰를 시험한다.
- 키케로

순풍이 불 때 폭풍우에 대비한 준비를 해 두어야 한다. 풍성한 계절인 가을에 겨울철 음식들을 장만해 놓는 동물들에게 배워라. 개미와 베짱이 이야기에서도 개미는 무더운 여름부터 겨울에 먹을 식량을 준비한다.

우리가 행복한 순간에는 곁을 지켜주는 친구가 많고, 누구에게나 친절한 법이다. 이런 때에야말로 가능한 한 많은 것을 축적하고 역경에 빠져 모든 일이 잘 되지 않을 경우에 대비해야 한다. 은혜를 베풀어준 상대방도 반드시 기억해 둬라. 언젠가 힘을 빌려 줄 사람이 필요한 시기가 닥칠지도 모르니 말이다.

단, 행복한 순간에는 좋은 친구를 분별할 수 없고, 불운을 만나는 순간 그들은 전혀 모르는 군중 속의 한 사람이 되어 버린다는 사실을 명심하자.

나의 다짐
역경에 빠졌을 때 나의 곁을 지켜준 이는 누구인가?

사람을 상대하는 일

이해하려고 노력하는 행동이
미덕의 첫 단계이자 유일한 기본이다.

- 바뤼흐 스피노자

사람의 마음을 이해하고 그 인간성을 인식하는 일은 위대한 과학이다.
상품을 아는 것과 인간을 아는 것은 완전히 별개의 문제이다. 인격에 속
는 것보다 가격에 속는 편이 훨씬 더 낫지 않겠는가.

사람을 상대하는 일은 말처럼 쉽지 않다. 사람은 모두 진실을 드러내지
않기 때문이다. 겉으로 보이는 모습과 속으로 가진 모습이 다른 경우도
많고, 상대방은 그것을 알지 못하기 때문이다. 많은 사람을 겪을수록 사
람을 파악하는 눈이 생길 수도 있다. 사람에 따라서는 일정한 패턴을 가
지고 움직이는 사람도 있기 때문이다.

누구나 자신의 모든 속내를 드러내며 살 수는 없지만 항상 자신에 대해
긍지와 신념은 지키면서 살아가는 것이 좋다.

_나의 다짐_

내 주변에는 겉과 속이 다른 사람인 .... 이(가) 있다.

그의 행동을 보며 .... 을(를) 깨달았다.

우리는 새로 만들어진다

인생은, 영혼을 살찌울 고귀한 모험을 하고자 하는
욕구의 투쟁이어야 한다.
－ 레베카 웨스트

우리 몸의 세포는 매일 다시 만들어지고 우리는 7년마다 완전히 새로운 몸으로 다시 태어나는 것과 마찬가지라고 한다. 즉, 인간은 7년마다 탈피를 반복하는 셈이다. 태어나서 처음 7년간은 지성이 갖춰지고, 7년마다 새로운 덕이 쌓인다. 이 자연의 주기를 염두에 두고 좀 더 인간다운 모습을 갖추기 위한 노력을 게을리해서는 안 된다. 이런 마음가짐과 자세로 살아간다면 사회에서의 지위나 일에 있어서의 엄청난 성과를 기대할 수 있다.

자연의 힘과 자기 기술로 영혼을 새롭게 만드는 방법을 터득하자. 자기 자신을 높이고 올바른 영혼을 찾아내는 과정에서 지혜와 학식, 그리고 인내와 관용을 덧붙여 나가라.

나의 다짐

일신우일신(日新又日新)의 뜻을 찾고, 이를 행하기 위해 어떤 노력이 필요할지 적어 보자.

도움은 최소한으로 받기

은혜를 되갚는 것보다 더한 의무는 없다.
- 키케로

은혜를 입는 것도, 신세를 지는 것도 최소한으로 해야 한다. 사람이나 일이나 지나치게 감사의 마음을 갖고 있으면 타인의 소유물이나 마찬가지이므로 때로는 조롱을 당하거나 간섭을 당할 수 있다.

독립성은 모든 선물을 다 포기해서라도 반드시 지켜야 하는 귀중한 덕목이다. 주어지는 대로 도움을 다 받으면 필요 이상의 빚을 지게 될지도 모른다. 이것보다는 차라리 다른 사람들이 당신에게 의지하는 편이 만족도가 높다. 이는 또한 힘의 원동력이 될 뿐 아니라 더 큰 선(善)을 이룰 수 있다는 큰 이점도 있다.

단, 타인이 부담을 느끼는데도 이를 고마워하는 것이라고 착각해서는 안 된다. 타인은 빈틈없이 행동하기 위해 고마워하는 듯한 태도를 취하고 있을 뿐이다. 당신의 권위를 인정하는 사람도 당신의 존대함을 보는 것이지, 반드시 당신의 노력을 지켜보고 있다고는 할 수 없다.

나의 다짐

남에게 신세를 지지 않도록

.... 을(를) 더욱 노력해야겠다.

SIXTH

6

인생 앞에
....
홀로 선 나에게

공감적 배려

눈으로 남을 볼 줄 아는 사람은 훌륭한 사람이다.
그러나 귀로 남의 이야기를 들을 줄 알고 머리로 남의 행복에 대하여
생각할 줄 아는 사람은 더욱 훌륭한 사람이다.

– 유일한

공감 능력은 인간이 가진 가장 본능적인 능력이다. 우리는 웬만해서는 슬픈 상황을 보면 눈물이 나고, 추운 겨울 거리에서 구걸을 하는 사람을 보면 안쓰러움을 느낀다.

특히 리더에게는 이 공감 능력을 발휘하는 것이 조직을 이끄는 데 많은 도움이 된다. 그리고 공감 능력을 개발하기 위해서는 인간이 보편적으로 가지고 있는 '감정'이라는 것을 이해하는 게 첫 번째 과제이다. 먼저, 남의 감정을 이해하기에 앞서 자신이 느끼는 감정을 이해하는 것이 먼저다. 그래야 자신의 감정을 통제하거나 조절할 수 있고 이를 통해 다른 사람의 감정을 읽을 수도 있게 되는 것이다. 이와 더불어 자신과 상대방의 감정을 이해함으로써 공감하고 배려하는 행동으로 이어질 수 있다. 인간관계에서 서로의 감정을 이해하고 공감하는 것은 배려로 이어지게 하는 첫 단추이다.

나의 다짐

공감 능력을 개발하기 위해 내가 할 일은

.... (이)다.

더불어 사는 것의 의미

천하 사람들과 함께 즐기면 여유롭지만,
자기 홀로 즐기면 부족한 법.

– 박지원

대부분의 경우 사람은 천재로 고독하게 사는 것보다 보통 사람으로서
대중과 함께 사는 편이 행복하다고 느낄 것이다. 따라서 어떤 의미에서
는 무지한 사람인 척하는 것이 가장 위대한 삶의 지혜가 될 수 있다.

옛날부터 전해지듯, 혼자라면 천국조차 아무런 의미가 없고, 고독은 영
혼을 해친다고 한다. 균형 잡힌 삶을 살기 위해서는 많은 사람의 생활방
식을 접해 보는 것이 현명하다. 타인의 잘못을 관찰하면 자기의 잘못을
스스로 깨닫는 것보다 좀 더 쉽게 교훈을 얻을 수 있기 때문이다. 물론
두 경험이 모두 필요하지만 말이다.

이 세상에서 사람은 더불어 살아가야 할 운명이다. 이 세상에서 완전히
고립되어 혼자 살려고 한다면 신이 되든지, 짐승이 되든지 둘 중 하나의
방법밖에 없다.

나의 다짐

'혼자 즐기는 삶'이 유행처럼 번지고 있다. 이러한 흐름에 대한 나의 생각을 적어 보자.

성숙은 신중함이다

신은 우리에게 세 가지를 주셨다. 표현의 자유, 양심의 자유,
그리고 이 두 가지를 행동에 옮기지 않는 신중함이다.
- 마크 트웨인

중요한 판단을 내려야 할 경우, 투자할 수 있는 한 충분한 시간을 들이는 편이 좋다. 중요한 사항이라면 더욱더 그렇다. 뭐든지 곧이곧대로 믿고 판단해서는 안 된다. 자신의 미숙함을 드러내는 것이기 때문이다.

성숙은 신중함으로 표현된다. 따라서 어른은 자기의 신념에 대해서조차 신중해야 한다. 즉, 쉽게 믿지 않고 쉽게 생각에 잠기지도 않는다. 상대의 말을 그 자리에서 따르는 것은 분별력이 없다는 증거이다.

사람의 말과 행동에는 대부분 과장이나 거짓이 담겨 있으며, 겉으로 실행되는 거짓은 더욱 해롭다. 그렇다고 상대의 성의를 함부로 의심하라는 뜻은 아니다. 상대는 그것을 무례하다고 느낄 수 있고, 때로는 모욕으로 받아들이기도 하기 때문이다.

일상에서 벌어지는 지극히 평범한 일들이 어떤 일을 진행하는 데 실패의 원인이 될 수 있음을 기억하라. 주의 깊게 음미한 훌륭한 것들만을 믿어라.

나의 다짐

신중하고 올바른 판단을 할 수 있게끔

··· 능력을 길러야겠다.

분별력이 있는사람

영리한 사람은 모든 것을 우습게 보지만,
분별 있는 사람은 아무것도 우습게 보지 않는다.
- 요한 볼프강 폰 괴테

분별력이 있는 사람은 상대방이 자신의 속마음을 내놓든 내놓지 않든 그 사람이 좋은 사람인지 아닌지를 판별할 수 있다. 자신이 어떠한 일을 하더라도 옳고 그름, 득과 실을 따지며 최소한의 손해로 최대한의 이득을 이끌어낼 수 있는 것이다.

분별력과 통찰력이 없는 사람은 어떤 상황이나 어느 누구를 만나더라도 그 순간에만 집착하며 당시의 분위기에 맞춰 이랬다저랬다 말을 바꾼다. 그만큼 순간 대응력이 뛰어나 좋은 결과를 만들 수도 있지만 안 좋은 일이라면 더욱 상황을 악화할 수도 있다.

똑똑하고 가진 것이 많고 지식이 산처럼 쌓여도 분별력이 없다면 모래 위에 짓는 성과 같다. 분별력을 기르도록 노력하라.

나의 다짐
순간적인 판단에 휘둘리지 않으려면

해야겠다.

행복에 이르는 길

비관론자는 모든 기회에서 어려움을 찾아내고,
낙관론자는 모든 어려움에서 기회를 찾아낸다.
- 윈스턴 처칠

행복에 이르는 길은 무수히 많고, 대부분의 사람들은 직관이 명령하는 바에 따라 자신의 길을 선택한다. 탐욕스러운 사람이나 남을 속이며 사는 사람에게는 그 길이 뒤얽혀 있지만, 정직한 생활신조를 가진 사람에게는 그 길이 곧고 넓다.

상황에 잘 대처하기 위해서는 가령, 눈앞에 있는 길이라도 자신에게 맞지 않는다고 판단되면 피하도록 하자. 좋은 칼도 날 부분을 쥐면 손에 상처를 남기고, 흉기도 칼자루 쪽을 쥐면 몸을 지킬 수 있는 도구가 된다. 어떤 것이든 기쁨이나 고통 둘 중 하나가 되며, 고통이라고 생각되는 것도 견해에 따라서는 기쁨으로 변하기도 한다.

행복을 원한다면 지혜에 따라 빛을 비추는 방법을 바꿔 보는 것도 좋다. 무엇이 행복이고 불행인지를 분별하라. 모든 것에서 만족을 찾아내는 사람이 있는 반면, 어떤 것을 봐도 슬픔만 찾아내는 사람도 있다. 불운에 대한 최상의 방어이자, 어떤 순간에도 잊어서는 안 되는 인생 규칙 중 하나는 모든 것에 행복한 빛을 비춰 보는 일이다.

나의 다짐

나는 비관론자에 가까운가, 낙관론자에 가까운가?

바쁜 것과 열심히 사는 것

두 배로 생각하라. 두 배로 노력하라.
그것이 보통 사람이 성공하는 비결이다.
- 인드라 누이

하루를 바쁘게 보내는 것과 열심히 사는 것은 전혀 다른 주제의 이야기이다. 바쁘다고 해서 열심히 사는 것도 아니고, 열심히 사는 것이 반드시 바쁘다는 의미도 아니다. 주변을 둘러보면 바쁘게 살지 않는 사람들이 없다. 잠깐의 여유도 없이 무척이나 바쁜 듯 열심히 돌아다니고 있지만, 실제로는 근면하지 않은 사람이 적지 않다. 이들은 그냥 허둥지둥 조급하게 돌아다니고 있을 뿐이다. 잘 관찰하면 근면한 사람과 그렇지 않은 사람의 차이를 간단히 구분할 수 있다.

본래의 업무에 소홀한, 근면하지 않은 사람은 어떻게든 자신의 어리석음을 덮을 수 있는 일을 찾느라고 정신없이 움직인다. 그리고 하지 않으면 안 되는 일을 뒷전으로 미뤄 놓은 채 자신에게 이득이 될 것 같은 일에만 전념한다.

나의 다짐

내가 정의하는 '근면'이란

.... (이)다.

근면한 사람이 여유롭다

게으름은 즐겁지만 괴로운 상태다.
우리는 행복해지기 위해 무엇인가 하고 있어야 한다.
- 마하트마 간디

근면한 사람이 오히려 시간적 여유가 많다는 것은 틀림없는 사실이다. 시간을 빈틈없이 쪼갠 뒤 각각의 시간대에 해야 할 일들을 미리 결정해 두기 때문에 일이 끝나면 한가한 시간이 생기게 마련이다. 반면, 게으른 사람의 생활은 활기 없는, 앙금이 가라앉은 듯한 무거움의 연속이다.

강물도 너무 잔잔해 흐르지 않는 듯 보이는 것보다 폭은 좁아도 기세 좋게 흐르는 편이 보기 좋다. 또한 바닷사람이라면 누구나 잔잔해진 바다에 범선을 그냥 매어 두고 있는 것보다 강풍이 불어도 배를 끌고 바다로 나가고 싶을 것이다.

아리스토텔레스는 친구에게 보낸 편지에서 "아무것도 읽지 않았거나 생각한 바를 나름대로 정리하지 않았던 날은 단 하루도 없었다."고 단언했다. 남보다 뛰어나려면 노력을 아껴서는 안 된다는 사실은 만고불변의 진리이다. 즉, 계획을 세워서 근면하게 노력하지 않으면 눈 깜짝할 사이에 많은 시간이 흘러 버리고, 정신이 들었을 때는 이미 모든 것이 지나간 뒤이다.

나의 다짐

내일의 계획을 세워 보자.

세상에서 가장 큰 재산

육상 선수나 피아니스트에게 연습을 쉬어도 되겠다고 느낀 적이 있냐고
물어본다면, 아마 인정받는 사람일수록 이렇게 말할 것이다.
"갈수록 연습할 게 더 많아져요."
– 에릭 버터워스

터키 속담 가운데 '다 망한 사람은 한 명의 악마에게 괴롭힘을 당하고,
게으른 사람은 천 명의 악마에게 괴롭힘을 당한다'는 말이 있다. 그리고
스페인에는 '부지런한 사람은 악마에게 유혹당하지만 게으른 사람은 자
신 쪽에서 악마를 유혹한다'는 속담이 전해진다. 탈무드에서도 부지런
함에 대한 이야기는 아주 자주 등장한다.

재산이 많아서 부자인 사람도 부지런하지 않으면 그 많은 재산을 지켜
낼 수 없고, 가난한 사람도 조금만 부지런을 떨면 작은 재산이라도 모을
수 있다. 따라서 세상에서 가장 큰 재산은 바로 '꾸준한 부지런함'이라
고 할 수 있을 것이다.

나의 다짐

내가 부지런히 이루고 있는 일에는

.... 이(가) 있다.

작은 행운과 큰 행운

인생은 될 대로 되는 것이 아니라 생각대로 되는 것이다.
생각하지 않고 살아가면 살아가는 대로 생각한다.
- 조엘 오스틴

철학자 칸트는 이런 말을 했다. "행복의 원칙은 첫째, 어떤 일을 할 것,
둘째는 어떤 사람을 사랑할 것, 셋째는 어떤 일에 희망을 가질 것이다."
결국 우리가 행운과 행복을 얻는 일은 아무도 모르는 비밀스러운 일에
의해서가 아니라 내가 가진 일을 좋아하고, 내 곁에 있는 사람을 아껴주
고, 항상 즐거운 생각을 품는 것에서 비롯된다.

링컨은 "사람은 행복하기로 마음먹은 만큼 행복해진다."고 했다. 작은
행운, 큰 행운, 행복에 대해 구분하지 말라. 하루하루 즐겁고 자신이 만
족하는 삶을 살면 그것으로 삶 자체가 행복이 되고, 그것으로 인해 행운
이 따라오기 때문이다.

나의 다짐

오늘 하루 내가 만족할 만한 삶을 살았는가?

말은 적게 하는 것이 좋다

마음에 없는 말을 하는 것보다는
오히려 침묵을 지키는 쪽이 더 유리하다.
- 몽테뉴

사람이 지나치게 많은 말을 하면 반드시 필요 없는 말까지 하게 되어 있다. 입은 스스로 의식하는 대로 열거나 닫을 수 있으므로 불필요한 이야기를 늘어놓지 말고 적절한 타이밍에 닫아 둘 필요가 있다. 많이 듣는 것은 좋지만 많은 말을 늘어놓는 것은 누가 봐도 좋은 모습이 아니다.

잠언에 이런 구절이 있다. '말이 많으면 허물을 면하기 어려우나 그 입술을 제어하는 자는 지혜가 있느니라. 의인의 혀는 순은과 같거니와 악인의 마음은 가치가 적으니라.'

안 해도 될 말을 하고 나면 꼭 후회가 뒤따른다. 그로 인해 일이 잘못 흘러갈 수도 있다. 그러니 좀 더 지혜롭게 자신의 입술을 단속하며 살아갈 필요가 있다.

___ 나의 다짐

불필요한 이야기를 해서 곤란에 빠졌던

.... 경험이 있다.

운 을 끌 어 당 기 자

항상 운이 좋은 사람이라고 생각하라.
그러면 행운의 여신이 당신과 늘 함께할 것이다.

HAVE A NICE DAY

'선의'라는 자산

내가 악하게 대함이 없으면,
남도 나에게 악함이 없다.
- 장자

선의(善意)는 인간의 큰 자산 가운데 하나로, 재산 정도에 상관없이 인덕(人德)만 있으면 손에 들어오는 법이다. 한마디로, 고결함에 대한 보수라고도 할 수 있다.

사업의 세계에서도 선의는 기대 이상의 가치를 지니며, 그 자체가 비즈니스이기도 하다. 사람에 따라서는 그것의 가치에 매우 큰 신뢰를 두고 있어서 다른 부분에 대해서는 상당히 관대하기도 하다.

세상 물정에 밝은 사람은 어떤 장점을 가진 인물이라도 세상의 인정을 받지 못하면 자갈투성이의 길을 걸어야 한다는 사실을 잘 알고 있다. 그러나 선의의 옷을 적당히 입으면 타인에게 흠이 들춰지는 일이 거의 없다. 세상은 그런 사람의 단점을 보고 싶어 하지 않기 때문이다. 선의가 그만큼 힘을 가지고 있다는 점을 반드시 기억해 두도록 하자.

___ 나의 다짐

최근 내가 타인에게 베풀었던 선의는

.... (이)다.

우아한 승리

우아함이란 이제 갓 사춘기를 벗어난 이들의 특권이 아니라,
이미 스스로의 미래를 꽉 잡고 있는 이들의 것이다.

- 가브리엘 샤넬

몸동작이나 화법이 뛰어난 사람에게서는 품격과 탁월함을 느낄 수 있다. 이런 사람은 이목을 끌어 어디에 있어도 존재감이 빛나며, 타인의 존경을 이끌어낸다.

우아함은 태도에서 자연스럽게 표출되는 것이다. 말과 행동, 몸동작, 때로는 걷는 자세나 얼굴 표정, 그리고 성공을 찾는 방법에서도 그것을 고스란히 느낄 수 있다.

경쟁 상대의 마음을 사로잡는다는 것은 위대한 승리를 의미한다. 특히 그것이 보통 사람은 흉내 낼 수 없는 우아함에 의해 달성되었을 경우에는 더욱 위대하다.

우아함은 단순히 아름다움을 말하지는 않는다. 한 사람이 전체적으로 가지고 있는 모든 요소를 통틀어 나타나는 분위기와 태도를 일컫는다. 삶의 종착역을 향해 황량하고 슬프게 가기보다는 우아한 승리를 위해 달려라.

＼ 나의 다짐

.... 등의

행동을 의식적으로 실천함으로써 나의 태도에 우아함을 더해야겠다.

인정받는 가치

모든 사람은 자기 경험의 포로이다.
편견을 버릴 수 있는 사람은 아무도 없다. 그저 편견의 존재를 인정할 뿐.
- 에드워드 머로

당신이 한 일이 타인의 눈에 띄도록 하라. 실질적인 평가가 덧붙여졌을 때 당신의 성과가 비로소 통용되기 때문이다. 가치 있는 것을 낳는 능력과 그것을 세상에 드러내는 지혜가 결합되면 성과는 배가 된다.

사람은 자기평가와 동시에 타인으로부터도 가치가 매겨진다. 그리고 평가를 매기는 사람의 처지에서는 실제 눈에 보이지 않으면 존재하지 않는 것으로 치부한다. 즉, 선(善)조차도 그것이 선으로 보이지 않으면 사람들은 경의를 표하지 않는다.

그러나 요즘 세상에는 평가하는 사람은 많고, 그들은 대부분 자신의 믿음에 사로잡혀 있다. 즉, 영리한 사람보다 아둔한 사람이 훨씬 많은 것이다. 게다가 오늘날에는 사기와 모함이 판치고, 어떤 것에 대해 적당히 빨리 판단을 내리려고 하기 때문에 예전처럼 모든 것을 되돌아볼 수는 없다. 따라서 업적을 타인에게 인정받기 위해서는 세상에 나가기 전에 만전을 기해야 한다.

나의 다짐

남들에게 좋은 평가를 받은 나의 성과는

.... (이)며,

그 이유는 .... (이)다.

대화의 기술

영혼을 밝히는 말은 보석보다 소중하다.

－ 하즈라트 이나야트 칸

대화는 평상복처럼 스스럼없이 자연스럽게 하는 것이 좋다고 믿는 사람들이 있다. 친구끼리라면 맞는 이야기이지만, 격식을 차려야 하는 자리라면 대화에도 외출복을 입혀 좀 더 고상한 인상을 줄 필요가 있다.

대화만큼 상대에 대한 배려를 요구하는 것도 없다. 편지는 이 대화를 정리해 글로 옮긴 것이지만, 이것을 쓰는 데도 마찬가지로 배려가 필요하다. 하물며 평상시 화술은 오죽하겠는가?

다른 사람과의 대화에 뛰어난 재능을 가진 사람은 상대의 의향을 잘 헤아려 말을 선택한다. 말을 적절히 주고받기 위해서는 상대의 마음에 영합해야 한다. 상대의 말투를 바로잡거나 하는 것은 금물이다. 이런 행위를 하면 편집증 환자라는 오해를 살 수도 있다. 또한 도리에 어긋나는 말을 하면 그 후 어떤 말을 해도 의심을 받게 된다.

한마디로 웅변을 하라는 것이 아니라, 요점을 정확하게 파악하고 전달하라는 뜻이다. 말을 한다는 것은 화살을 쏘는 것과 같기 때문이다.

나의 다짐

내가 닮고 싶은 대화 기술의 소유자와 그 이유는 무엇인가?

상대에게 호감을 주는 말하기

교육은 신사를 만들기 시작하고,
대화는 신사를 완성시킨다.
- 토마스 풀러

누구나 알기 쉬우면서도 매력적인 자기표현을 할 수 있다. 화제가 풍부해도 화법에 매력이 없으면 상대는 시시하게 느끼게 마련이다. 또한 시끄럽게 여겨질 만큼 떠들어대는 사람은 애초에 주제와 논점에서 벗어나 있는 경우가 많기 때문에 이야기의 내용이 지리멸렬하다.

요즘은 커뮤니케이션에 대한 중요도가 점차 높아지는 추세이다. 프레젠테이션이나 비즈니스 협상 등 말하는 것이 경쟁력이 되었다. 따라서 말하는 이야기에 약간의 불가사의한 매력을 덧붙임으로써 신비의 베일을 쓰는 것도 시선을 모으는 한 방법이 될 수 있다. 특별히 확실한 근거가 없어도 괜찮다. 때로는 너무 평범해 보이지 않기 위해서라도 너무 구체적인 내용뿐만 아니라 모호하고 두루뭉술한 부분을 만들어 넣는 것도 좋다.

나의 다짐

대화할 때의 나의 특징을 떠올려 보자.

언행일치를 위한 노력

실천은 생각에서 나오는 것이 아니라
책임질 준비를 하는 데서 나온다.

- 디트리히 본회퍼

살면서 백 퍼센트 언행일치를 이루는 사람은 드물다. 그러나 언행일치를 목표로 삶을 사는 사람들은 있다. 반드시 그것이 백 퍼센트 일치하지 않더라도 자신이 뱉은 말을 실제 행동으로 옮기며 사는가가 더 중요하다. 특히 다른 사람을 가르치는 입장에 있는 사람이라면 더욱 신경 써야 할 부분이다. 가르칠 때는 온갖 덕목과 태도에 대해 말하면서도 정작 자신은 그러한 삶과 멀다면 가르침을 받는 사람들에게 부끄럽기 때문이다. 책을 읽었다고 해서 또는 누군가에게 가르침을 받았다고 해서 내가 안다고 말할 수 없는 것처럼 아는 것을 행동으로 옮기는 것은 아는 것을 내 생활 속에서 충분히 드러낼 때야 비로소 안다고 말할 수 있을 것이다. 즉, 아는 것을 실천하기 위해서는 노력과 의지가 필요하다는 의미이다.

나의 다짐

내가 뱉은 말 가운데

.... 은(는) 꼭 실천에 옮기겠다.

예의는 인생의 기본

자신에 대한 존중이 도덕성을 이끌고,
타인에 대한 경의가 몸가짐을 다스린다.
- 로렌스 스턴

동양에는 예의에 대한 가르침이 많다. '옷을 정갈하게 입는 것에 대한 예의, 사람을 만나면 정중하게 인사를 건네는 예의, 언행을 바르고 품위 있게 하는 예의, 남녀 간에 지켜야 하는 예의, 부모에 효를 다해야 한다는 예의, 군신 간의 예의' 등 사람과 사람 사이에는 늘 예의가 기본이라고 말한다. 아무리 배운 것이 많고 지위가 높다 하더라도 예의와 배려심이 없다면 눈살이 찌푸려지고 혀를 차게 되기 마련이다.

일찍이 공자는 "용모가 단정한데 예의가 없으면 믿음을 얻지 못하고, 행동이 용감한데 예의가 없으면 제멋대로인 사람으로 보일 수 있고, 성격이 솔직한데 예의가 없으면 야박하게 보이거나 타인에게 상처주기 쉽다."고 말했다.

'인사만 잘해도 반은 먹고 들어간다'는 말이 있듯 예의는 우리 사회에서 반드시 지켜져야 할 기본 중의 기본 상식이다.

나의 다짐

내가 생각하는 가장 기본적인 예의는 .... (이)며,

이를 지키기 위해 .... 을(를) 하겠다.

상대의 기분을 파악하기

성공의 비결이란 것이 있다면 타인의 관점을 잘 포착해
그들의 입장에서 사물을 보는 재능, 바로 그것이다.

- 헨리 포드

사람을 즐겁게 하고 상처 입히지 않기 위해서는 상대의 기분을 잘 파악할 줄 알아야 한다. 그 자리의 공기를 민감하게 감지하라. 어떤 사람을 칭찬함으로써 다른 사람의 기분을 상하게 하고 있을지도 모른다. 무심코 내뱉은 아부의 말이 상대를 화나게 만들고 있을지도 모른다.

사람은 가끔 상대를 기쁘게 하기보다 불쾌하게 만들기 위해 더 많은 노력을 기울이곤 한다. 그리고 대화의 이정표가 없어져 버리면 그때까지 느꼈던 상대의 기쁨도 순식간에 사라지고 만다.

상대의 기분 변화를 깨닫지 못하면 대화가 매끄럽게 이어질 수 없다. 그럼 대화는 방향을 잃고 막다른 골목에 부딪히게 된다. 이 상황에 이르면 이쪽의 칭찬이 상대에게 통하지 않는 것은 물론, 마음을 끌기 위해 아무리 열변을 토해도 시끄러운 소음 정도로만 여겨지기 때문에 오히려 기분만 더 상할 뿐이다.

나의 다짐

상대방의 기분을 상하게 하지 않으려면 먼저

.... 하는 태도가 필요하다.

적을 만들지 않는 화법

조심성 있는 혀는 최고의 보물이며,
사리 판단을 할 줄 아는 혀는 최대의 기쁨이다.
— 헤시오도스

말이라는 것은 잘하면 본전, 잘못하면 가시가 몸을 찌르듯 상대방의 마음에 상처를 입히기도 한다. 좋은 사람들을 많이 만나는 것보다 한 명의 적을 만들지 않는 것이 더 어려운 법이다.

가능한 한 적을 만들지 않기 위해서는 상대가 저지른 실수에 대해 너그럽게 수용하고 이해하려는 마음을 가져야 한다. 만약 내가 실수를 저질러 상대의 기분을 상하게 했다면 바로 사과하고 잘못을 인정하라.

비판을 할 때는 뒤에서 하지 말고 상대를 직접 앞에 두고 최대한 감정을 배제한 채 이야기하라. 자신의 말만 너무 맞는다며 주장하지 말고 언제든 내 생각이 잘못되었을 수도 있다는 것을 인정하자.

필요 이상으로 지나친 말이나 행동을 삼가고 늘 겸손을 몸에 배이도록 행동하면 적보다는 당신을 따르는 사람이 더 많아질 것이다.

나의 다짐
위의 내용 가운데 내가 1순위로 지켜야 할 행동은

.... (이)다.

예의는 매너이다

예절을 깍듯이 지키는 사람은 이자로 살아갈 수 있으나,
그것을 무시하는 사람은 원금에 손을 대게 된다.

– 호프만 스탈

바른 예절은 아무것도 희생으로 삼지 않는다. 예절은 품격의 기본 바탕으로, 만인의 사랑을 얻게 만드는 힘이 있다.

사람들에게 매너 좋다는 말을 듣도록 노력하라. 이런 평판만으로도 충분히 사랑받을 수 있는 자격이 된다. 반대로 무례하다는 평판이 생기면 그것만으로도 사람들이 기피하는 대상이 될 수 있다. 거만함에서 생긴 무례함은 용서받기 어렵고, 거칠고 촌스러움에서 생긴 무례함은 불쾌하다. 한편 적을 대할 때도 마찬가지다. 예절 바르게 행동한다면 희생을 치르는 일 없이 용기를 보일 수 있고, 뜻밖의 선물이 돌아오기도 한다. 예절은 지출하는 만큼 저축이 된다. 즉, 다른 사람에게 아무리 풍족하게 베풀어도 그만큼 자신에게 다시 돌아오는 것이다.

나의 다짐

나는 .... 경우에

'매너가 좋다'라는 칭찬을 듣는다.

스스로에게 하는 칭찬은 자존감을 높인다.
자신에 대한 칭찬을 아끼지 말자.

12

인 생 다 짐

인간적인 매력을 발산하기

나는 힘과 자신감을 찾아 항상 바깥으로 눈을 돌렸지만,
자신감은 내면에서 나온다. 자신감은 항상 그곳에 있다.
- 안나 프로이트

인간의 타고난 매력이라는 것은 하늘이 준 선물로, 교육에 의해 얻어지는 것이 아니며 교육의 성과보다도 더 나은 결과를 가져온다. 매력은 재능에게 명령을 내려 이야기에 화려함을 더하고, 행동에 혼을 불어넣으며, 그것 자체로도 반짝이는 빛을 낸다. 이는 또한 가장 소박하면서도 강력한 무기로, 아무렇지 않게 사용해도 마음에 강한 호소를 남기며, 대화를 매끄럽게 진행시키거나 행동을 훌륭하게 보이도록 하는 작용을 한다.

매력이 없으면 미모도 무의미하고, 우아함도 눈에 띄지 않는 법이다. 이는 매력이라는 인간의 강한 특성이 용기, 지혜, 이성, 위대함조차 초월해 버리기 때문이다.

누구에게나 이러한 매력이 있다. 다만, 아직 그것을 발산하지 못하는 이유는 자신의 매력을 아직 알아차리지 못하고 활용하지 못해서일 뿐이다. 매력은 일부러 꾸며서 되는 것이 아니라 깊은 내면으로부터 우러나는 것이기 때문이다.

나의 다짐

내가 생각하는 나의 매력은

.... (이)다.

매 순간 최고를 기대하라

자신의 능력을 감추지 마라. 재능은 쓰라고 주어진 것이다.
그늘 속의 해시계가 무슨 소용이랴.

– 벤자민 프랭클린

인간은 너무나 허상에 기대어 산다. 자신이 얼마나 위대한 존재인 줄 모르고서 말이다. 충분히 할 수 있는 일들을 스스로 또는 남에 의해 제한당하고, 타인의 말에 아무런 비판 없이 동의하는 것들을 보면 그렇다.

기뻐하고 싶다면 마음껏 기뻐하라. 이 순간에 어떤 일을 하든지 매 순간 최상의 것, 최고의 것을 얻길 기대하라. 그러면 그 기대대로 될 것이고, 얻게 될 것이다.

두려움이나 좌절, 우울감에 기대지 마라. 모두 마음이 만들어낸 허상에 불과하다. 거짓을 믿지 말고 진실을 따라 가라. 삶은 바뀔 것이다.

_나의 다짐_

내 마음이 가는 대로 행동하고자 하는 마음을 가로막는 장애물이 있는가?

능력으로 존중받기

참으로 존경하여야 할 것은
명성이 아니라 그에 필적하는 바의 진가다.
- 쇼펜하우어

지위에 의해 존중받기보다 재능에 의해 존중받아야 한다. 예를 들어, 한 나라의 왕이라면 왕위보다 인격으로 존경받아야 한다. 자신이 소유하고 있는 것을 과시하는 사람 가운데 진짜 많은 사람들에게 존중받는 인물은 없다. 지위로 생긴 자만심과 거만은 다른 사람들의 반감을 사게 된다. 즉, 지위나 권력에 치우쳐서 그것을 이용하는 자는 자신이 그 명예에 어울리는 고상함을 갖추고 있지 못함을 스스로 증명하는 꼴과 다를 바 없다.

어떤 사람이 존경할 만한 가치가 있는 인물인지 아닌지는 스스로가 아니라 타인이 결정할 문제다. 스스로가 그것을 요구하거나 붙잡을 수는 없다. 단지, 그것에 어울리는 인물이 되어 평가만 기다릴 수밖에 없는 것이다.

나의 다짐

나 자신이 존중받기 위해선 먼저

.... 을(를) 해야겠다.

질투는 감정일 뿐

친구의 기세가 당당할 때 그를 질투하지 않고
자연스러운 마음으로 존경하는 사람은 거의 없다.
- 아이스킬로스

우리가 가장 겉으로 드러내기 싫어하는 감정 중에 하나가 바로 '질투심'
이다. 질투심을 느끼면 스스로 너무나 못나게 느껴지고 자책감과 수치
심을 동시에 느끼기도 한다. 사람은 왜 질투라는 감정에 대해 솔직해지
지 못하고 피하려 드는 것일까?

사실 질투는 인간이 오래전부터 가지고 있던 본질적 감정이다. 또한 사
람이 가지고 사는 많은 감정 중 하나일 뿐이다. 반드시 나쁜 감정이라고
단정 지을 필요는 없다는 얘기다. 적당한 질투심은 자신을 더 나은 방향
으로 변화시키는 원동력이 되기도 한다.

나보다 더 뛰어난 사람에게 질투를 느끼기 때문에 더 노력하는 삶을 살
게 되고 더 나은 내가 되기 위해 노력하게 되는 것은 아닐까?

나의 다짐

적당한 질투심이 나의 발전에 원동력이 된 사례를 적어 보자.

웃는 얼굴로 단련하기

인간은 웃음이라는 능력을 가졌기에
다른 동물과 구별된다.
- 조지프 애디슨

인간관계에서 웃는 얼굴은 매우 중요하다. 웃는 얼굴이 보기 좋은 사람은 세상에서 가장 강력한 무기를 가진 것과 다름없다. 웃는 얼굴은 남에게 좋은 인상을 줄 뿐만 아니라 스스로에게도 활력을 준다.

'웃는 얼굴에 침 못 뱉는다'는 속담이 있듯 웃는 얼굴을 보고 기분 나빠할 사람은 드물다. 또 웃고 있는 자신의 모습을 증오한다든가 싫어하는 사람은 없을 것이다. 그러므로 아무리 힘든 상황이 오고 좌절에 빠질 환경이 닥치더라도 웃음을 잃지 않기 위해 노력해야 한다. 본의 아니게 인간관계가 틀어졌다면 웃는 얼굴이 해결책이다.

웃음으로 얼굴의 근육을 단련시켜라. 중국 속담에 '웃을 줄 모르는 사람은 장사를 하면 안 된다'는 말이 있다. 웃음은 어떤 일을 하든 좋은 기회를 가져다주고 인생을 사는 데 큰 활력이 된다.

<u>나의 다짐</u>

나는 평소에 주로

.... 표정을 짓는다.

누구나 뛰어난 점이 있다

모든 사람은 탄복할 잠재력을 가지고 있다.
- 앙드레 지드

누구나 한 가지는 남보다 뛰어난 소질을 갖고 태어난다. 그리고 시간을 들여 그것을 갈고닦으면 크게 성공할 수 있다. 이러한 소질은 일찌감치 알아차려서 발전시켜야 한다. 각광받을 수 있는 좋은 기회가 언제 찾아올지 모르니까 말이다. 기회를 놓치지 마라. 좋은 날이 또 찾아올 거라고 생각해서는 안 된다. 그나마 다행인 것은 조금씩이라도 재능을 발휘해 나가면 작은 기회는 빈번하게 찾아온다는 점이다.

자신이 아무리 훌륭하다고 생각해도 평가는 주위에 맡겨라. 단, 자신의 재능을 사람 앞에 드러낼 때 허영이 곁들여지면 말짱 헛고생이 된다. 모처럼 드러내는 재능이 값싸 보여서 불리한 결과를 낳게 될 수도 있음을 명심해야 한다. 또한 자신이 가진 모든 재능을 한 번에 다 보여주지 말고, 가끔 기회를 엿봐서 기대감을 갖도록 유도한다. 한 가지씩 일을 마칠 때마다 좀 더 높은 평가를 받음으로써 드디어 세상의 칭찬을 마음껏 누릴 수 있게 될 것이다.

나의 다짐

나의 뛰어난 점을 한 가지만 꼽는다면,

.... (이)다.

인생을 살아가는 두 가지 방법

인생은 불안정한 항해다.
- 윌리엄 셰익스피어

아인슈타인은 "인생을 살아가는 데는 오직 두 가지 방법밖에 없다. 하나는 아무것도 기적이 아닌 것처럼, 다른 하나는 모든 것이 기적인 것처럼 살아가는 것이다."라고 말했다. 그의 말처럼 사람의 마음속에는 천국과 지옥이 있다. 그러나 우리는 늘 그 중간 지점에 어디쯤에 머무르려 한다. 즉, 우리는 양극 사이에 존재하기 때문에 행복과도 인연이 있지만, 고난도 그냥 지나칠 수 없다.

세상 자체는 아무것도 아니며 단지 천국 쪽에 붙느냐, 지옥 쪽에 붙느냐만 있을 뿐이다. 인간은 천국에 대한 동경과 지옥에 대한 공포에 의해, 성장하면 할수록 편의주의적 사고를 갖게 된다. 즉, 주어진 운명을 받아들여야 하고, 이에 동요하지 않는 것이 지혜임을 깨닫는다.

인생은 나아갈수록 점점 복잡성을 더해 가지만 마치 산 정상에 서면 계곡으로 내려가는 길이 다 보이듯, 마지막에 가까워짐에 따라 다시 평이해진다. 따라서 인생이라는 여정에서 늘 균형 잡힌 시선으로 사물을 바라본다면 행복한 인생의 결말을 맞이할 수 있을 것이다.

나의 다짐

아인슈타인의 말을 다시 한 번 새겨 보자. 나는 어떤 방향으로 살아가고 있는가?

망설임은 실패에 가깝다

목표의 견고함이 없다면
모순의 미로 속에서 노력을 낭비하게 된다.
- 필립 체스터필드

두 가지 중 어느 것을 먼저 할까 끊임없이 고민하는 사람은 결국 하나도 이루지 못한 채 끝나고 만다. 결심은 했지만 친구의 반대 의견을 들을 때마다 흔들리는 사람, 하나의 의견에서 다른 의견으로, 또 어떤 계획에서 다른 계획으로 계속 오락가락하는 사람, 마치 바람이 불 때마다 빙빙 방향을 바꾸는 풍향계처럼 자신의 진로를 끊임없이 바꾸는 사람은 무엇 하나 훌륭하게 해낼 수 없다. 진보는커녕, 그나마 현상 유지를 하면 다행이고 오히려 퇴보하는 경우가 더 흔하다.

무슨 일에서든 두각을 나타내는 인물은 맨 처음에 신중에 신중을 거듭하고, 만약 하기로 결심했다면 단호한 인내심으로 목표를 향해 매진한다. 그리고 정신력이 약한 사람이라면 기세가 꺾여 버릴 듯한 일에서조차 조금의 동요도 없이 전진해 나간다.

나의 다짐

선택의 기로에서 흔들릴 때마다,

.... (이)라고 생각하며 단호히 결정하겠다.

결정은 신중하고 단호하게

계획은 즉각적으로 열심히 수행되지 않으면
그저 좋은 의도에 지나지 않는다.
- 피터 드러커

자신이 나아갈 길은 신중하게, 더구나 단호하게 선택하는 것이 무척 중요하다. 그리고 일단 선택하면 누가 뭐라고 해도 거기에 달라붙어 떨어지지 않아야 한다. 오늘 할 수 있는 일을 내일로 미루는 것이 습관화되면 모처럼의 장래성 있는 훌륭한 계획도 엉망이 될 위험성이 높다.

"답장은 내일 쓰면 돼. 그런다고 달라지는 것은 없으니까."라고 생각할수도 있지만, 결코 그렇지 않다. 당신은 그때부터 패배자가 되는 것이다. 왜냐하면 그런 작은 유혹에 지는 마음은 모든 요새를 적군에게 내주는 도화선이 될 것임에 틀림없기 때문이다.

"지금 생각난 내용이나 주의사항을 메모하는 것은 내일 해도 괜찮을 거야."라고 생각할 수도 있지만, 이렇듯 해야 할 일을 소홀히 할수록 돌이킬 수 없는 손실을 입게 된다.

1분 1초를 충실히 살아라. 그것도 계획에 따라 해 나가는 것이 중요하다. 계획에 맞게 충실한 하루는 계획 없이 지낸 일주일보다 훌륭하다는 사실을 잊지 마라.

나의 다짐

나는 주로 _____ 을(를) 미루는 편이다.

미루는 습관을 예방하도록 _____ 해야겠다.

시간을 지키는 것은 인생을 지키는 것

당신은 지체할 수도 있겠지만
시간은 그렇지 않을 것이다.

– 벤자민 프랭클린

시간을 정확히 지키는 생활을 몸에 익힌다는 것은 쉬운 일이 아니다. 그러나 시간을 잘 지키는 습관은 자신에게는 물론, 이 세상에서도 매우 유리하게 작용한다. 시간을 지키는 사람은 그렇지 않은 사람보다 2배의 일을 2배나 즐겁게 하고, 자신과 타인에게 2배의 만족감을 주기 때문이다. 사람은 누구나 선천적으로, 그리고 습관적으로 부지런하지 않기 때문에 시간을 엄수하는 상대를 만나면 감격하는 경향이 있다. 그리고 그런 상대에게 의지하려 들고, 어떤 대가를 치르더라도 함께 일하고 싶어 한다.

어떤 사람은 시간을 엄수하는 습관이 몸에 배이면 평범한 인간이 되지 않을까 겁을 내기도 한다. 뛰어난 인덕을 갖춘 인물이 이런 일에 신경 쓴다는 것이 어울리지 않는다고 생각하기 때문이다. 그렇다면 플라톤이 평범한 인간이었을까? 플라톤은 자신에게 이렇다 할 장점이 없는 것을 깨닫고 지극히 평범하게 시간을 지키려고 노력했을까? 플라톤이 시간을 엄수해 평범한 인간이 되었다고 믿는 사람은 아마 단 한 명도 없을 것이다.

나의 다짐

내 주변에서 시간을 정확히 지키는 사람을 떠올려 보자.
그는 시간을 엄수함으로써 다른 이에게 어떤 인상을 남기는가?

SEVENTH

7

괜찮은 미래를

열고 싶은 나에게

가르침과 조언

내가 성공한 것은 최고의 조언에 진심으로 귀 기울인 후
그에 얽매이지 않고 정반대를 행한 덕이다.
– G. K. 체스터튼

가르침과 조언이라고 하면, 누군가 우리에게 인생을 좀 더 잘 살아가기
위해 해주는 말들이라고 생각한다. 그러나 가르침과 조언은 언뜻 비슷
해 보이지만 약간 의미가 다를 수 있다. 가르침은 인간이 지녀야 할 도
리나 지식, 사상, 기술 따위를 전달하는 데 그 목적이 있다면 조언은 상
대가 자신이 겪은 경험과 지식에 의한 잣대로 나를 평가하여 더 낫다고
예측되는 것들을 전달하는 말일 뿐이다.

그래서 가르침은 누구나 줄 수 없지만 조언은 누구나 할 수 있는 것이
다. 무심코 지나가는 말로 조언을 하는 사람들도 간혹 우리 주변에 있는
데 그런 사람들을 자세히 관찰해 보면 그 자신도 스스로 어떻게 살아야
하는지 잘 모를 때가 있다. 가르침은 마음속 깊이 새겨들어야 하지만,
조언은 가끔 무시하는 게 더 좋을 때도 있다.

나의 다짐

내가 받은 가장 현명한 가르침은

.... (이)다.

거북이는 결국 승리한다

도전은 인생을 흥미롭게 만들며,
도전의 극복이 인생을 의미 있게 만든다.
- 조슈아 마린

이솝우화에 등장하는, 누구나 다 아는 내용의 유명한 동화가 있다.
'어느 날 토끼가 지나가던 거북이에게 느림보라 놀리자 화가 난 거북이
가 경주를 제안한다. 당연히 자신이 이길 거라는 생각에 코웃음을 치며
토끼는 승낙한다. 경주가 시작되었고 자만한 토끼는 중간에 나무 그늘
에 누워 휴식을 취하다 잠이 들고 만다. 토끼가 자는 동안 거북이는 쉬
지 않고 열심히 달려 결국 우승을 차지한다.'
결국 꾸준히 노력하는 사람은 타고난 재능이 있는 사람도 이길 수 있다
는 교훈을 전해준다. 또한 잘난 척과 거만함은 실패를 부를 수 있다는
교훈도 전해준다. 그리고 이 세상에 어떠한 것도 당연한 것은 없다는 의
미도 알 수 있게 해준다. 토끼는 당연히 자신이 이길 것을 장담했지만
결국 거북이가 이긴 것처럼 말이다.

나의 다짐
'할 수 없다'고 생각한 일을 극복한 경험이 있는가?

주체적인 결정 습관

내면의 지혜를 듣는 일은
근력처럼 훈련을 통해 강화된다.
- 로비 개스

만일 당신이 나무꾼이라서 평생 쓸 도끼를 선택해야 한다면 당연히 자기 손에 잘 맞고 튼튼한 도끼를 고를 것이다. 또한 만일 평생 같은 옷을 입고 살아야 한다면, 재질이나 모양을 선택하는 데 있어서 신중을 기할 것이다. 하지만 이런 선택은 정신활동을 위한 습관을 익히는 것에 비하면 그리 대단한 일도 아니다. 자신의 영혼을 타인의 판단에 맡겨 뭔가 훌륭한 일을 해낼 수 있지 않을까 하는 기대는 꽉 끼는 죄수복을 입고 그 속에서 기분 좋게 재빨리 몸을 움직일 수 있지 않을까를 기대하는 것과 똑같다고 보면 된다.

자신의 인생을 절대로 남의 생각과 판단에 맡기지 마라. 사람은 누구나 자신의 인생만을 책임지며 살면 된다. 남의 인생에 이렇다 저렇다 충고나 조언이랍시고 말할 필요도 없고 들을 이유도 없다.

무엇이든지 자신과 관련된 일이라면 신중하게 고민하여 스스로에게 잘 맞는 선택을 하라. 그것도 몸에 배면 습관이 된다.

나의 다짐

온전히 나의 생각과 판단으로 근거해 내린 결정으로는

.... 이(가) 있다.

아침은 보석과 같다

이른 아침은 입에 황금을 물고 있다.

- 벤자민 프랭클린

아침에 일찍 일어나는 습관을 들이는 것이 좋다는 것은 누구나 알고 있는 사실이다. 그러나 도대체 어떻게 하면 일찍 일어나는 습관을 몸에 익힐 수 있을까? 예를 들어, 오늘밤 10시에 잠자리에 들었다고 가정해 보자. 밤늦게까지 잠자리에 들지 않는 것이 당연한 당신은 1시간 정도는 잠을 이룰 수 없다. 그 때문에 다음 날 아침 5시까지는 꿈나라에 있을 것이다. 그렇지만 적어도 이 세상에서 뭔가를 이루며 살고 싶다는 생각을 하고 있다면 반드시 일찍 일어나는 습관을 들이는 것이 좋다. 그것도 가능한 한 젊은 시기에 몸에 익히는 것이 좋다. 이것을 돈으로 살 수 있다면 아무리 큰돈을 지불해도 아깝지 않을 정도라 말하고 싶다.

아침에 잠에서 깨기 위해 알람시계에 의지하는 사람들이 많다. 어떤 방법이든 상관없다. 규칙적으로 일어나는 습관을 들일 수 있다면 말이다. 그리고 일단 잠에서 깨면 의식적으로 이불에서 벗어나도록 애써라. 조금이라도 꾸물거리면 졸음이 무장 병사처럼 당신을 습격하기 시작해 모처럼의 결단은 수포로 돌아가게 되고, 희망은 깨져 버리며 습관은 무너지고 만다.

나의 다짐

매일 아침 규칙적으로

.... 시에 일어나겠다.

성급함을 경계하기

모든 죄악의 근원은
성급함과 게으름이다.
- 프란츠 카프카

모든 일이 그렇다. 어떠한 사건이 발생했을 때 문제를 조사하면서 겉으로 보이는 대략적인 것만 파악하려는 태도는 사건을 정확히 분석하는 것이라고 보기 어렵다. 시간이 조금 촉박하다고 해도 철저한 조사를 진행해야만 한다. 그것이 무엇이든, 적어도 조사할 가치가 있는 것이라면 중요도에 관계없이 철두철미하게 조사해야 한다. 두 번 다시 조사할 필요가 없을 정도로 말이다. 그렇게 하면 언제 그 문제가 다시 발생해도 이미 머릿속에 한 번 정리가 되어 있기 때문에 허둥대지 않을 수 있다.

일반적으로 우리는 판단력의 결여보다 오히려 성급하기 때문에 길을 잘못 가게 되는 경우가 많다. 문제를 음미하는 데 시간을 들이면 들일수록 옳은 결론을 이끌어낼 수 있다는 사실을 명심해야 할 것이다.

___ 나의 다짐

주로 어떤 경우에 나의 성급함이 드러나는지 생각해 보자.

당장 내일 죽는다는 생각으로

죽음에 대한 두려움은 아무 것도 아니다.
진실되고 충만한 삶을 살지 못하는 두려움에 비하면.
– 프란시스 무어 라페

하루를 보내는 것이 우리는 너무나 당연한 듯하다. '오늘은 어제 죽은 이들이 그토록 바라던 내일'이라는 말처럼 누군가에게는 간절한 시간인데도 말이다.

당장 내일 죽는다는 마음으로 살면 1분이 소중해진다. 비관적으로 살라는 말도, 허무주의를 표방하는 말도 아니다. 스스로 만족할 만큼 하루하루 최선의 노력을 다해서 살라는 의미다.

인간이 영원히 죽지 않는다면 희망이나 꿈, 행복은 의미가 없다. 우리 모두가 유한한 존재이기에 사는 동안 그것들을 꿈꾸는 것이다. 그리고 꿈꾸는 것들을 먼 미래에서야 얻을 수 있다고 생각하지 말라. '돈을 많이 번 후에, 시험에 합격한 후에, 취직을 한 후에……' 등으로 말이다. 그 전이라도 할 수 있는 것들을 하라. 시험에 합격해야겠다면 정말 영혼을 다해 열심히 하고, 열심히 할 자신이 없다면 얼른 다른 길을 찾아 즐겁게 하면 된다.

나의 다짐

나는 오늘 하루 최선을 다해서 살았는가?

많은 사람들과 어울리기

정(正) - 반(反) - 합(合)

- 게오르크 헤겔

인생에서의 안식과 살아가는 방법을 익히기 위해서는 가능한 한 많은 사람들과 어울리는 것이 효과적이다. 그럼 자신도 모르는 사이에 주위 사람들의 생각이나 정신을 받아들일 수 있다.

구체적으로 예를 든다면, 뭔가에 지나치게 매달리는 사람은 온순한 사람을 사귀고, 쉽게 흥분하는 사람은 자제력을 갖춘 사람을 만나며, 매사 명확하지 않은 사람은 분별력이 있는 사람과 교제하는 것이 좋다는 의미다.

이렇듯 대조적인 경향은 세상의 균형을 맞춰주고 자연스럽게 만든다. 즉, 이 세상 모든 사물의 세계가 대조에 의해 아름답게 조화를 이루듯, 인간이 사는 도의(道義)의 세계에 있어서도 대조는 위대한 조화를 이끌어낸다. 따라서 친구나 동료를 선택할 때도 대조와 균형을 잘 활용하라. 그럼 양극이 만남으로써 이루 헤아릴 수 없는 가능성을 가진 유익한 길이 열린다.

나의 다짐

나에게도 대조적인 성향임에도 좋은 우정을 유지하고 있는

친구인 .... 이(가) 있다.

올바른 길을 위한 사고

어진 사람은 이겨내는 일을 우선으로 삼고,
성공하는 것을 다음으로 여기니라.
- 공자

인생은 한마디로 올바른 길에 빛을 비추기 위한 사고의 연속이다. 따라서 인생에서의 성공과 자유를 보장하는 것은 반성과 예측이라고 할 수 있다. 그럼에도 불구하고 정작 앞을 내다보고 생각하는 사람은 극히 드물다.

현명한 인생에서의 경계 조치란 운명이 초래할 수 있는 최악의 사태를 상정하고 그것을 숙련해 두는 것이다. 마음가짐만 되어 있다면 뜻밖의 사건은 일어나지 않는다. 어떤 사람들은 함부로 행동하고 나중에 생각하는데, 이는 그들이 행동의 결과보다 행동 그 자체에 대한 변명에 얽매여 있기 때문이다.

나의 다짐

나에게 닥칠 수 있는 최악의 상황은 .... (이)며,

이를 대비해 .... 하고 있다.

빈틈 만들기

실수나 허점은 사람의 매력을 증진시킨다.
이를 '실수효과'라 한다.
- 캐시 애론슨

무엇이든 '완벽'하고 언제나 '멋지게 해내'며 무조건 '잘'하는 사람은 매력이 없다. 가끔은 어설프고 엉뚱하고 서투른 사람 곁에 사람이 모인다. '너무 맑은 물에서는 물고기가 놀지 않는다'는 속담이 있듯 사람도 마찬가지다. 사람이 너무 꼿꼿하고 원칙주의적이면 상대에게 쉽게 피로함을 줄 수 있다. 약간의 빈틈은 꾸밈없는 모습으로 보일 수 있어 상대방에게 호감을 준다.

사람들은 빈틈을 보이면 이용하려 한다거나 우습게 생각할 수 있다고 생각하는데 무엇이든 자연스러운 것이 진실이고 오래가는 법이다. 사랑이 충분히 넘치는 사람들은 늘 유쾌하고 자연스럽게 행동하는 사람을 믿고 따른다. 그 빈틈을 이용하려는 사람은 빈틈을 숨기려는 사람에게 들러붙는 법이다.

나의 다짐

'매력'으로 치환할 수 있는 나의 빈틈은

.... (이)다.

한결같이 현명한 사람은 없다

위험은 자신이 무엇을 하는지
모르는 데서 온다.

- 워런 버핏

누구에게나 힘들이지 않아도 모든 일이 잘 해결되는 시기가 있는가 하면, 무엇을 해도 잘 되지 않는 시기가 있다. 운이 좋을 때는 기력이 충만하고, 두뇌 회전이 빠르며, 만지는 것마다 황금으로 변한다. 이런 경우에는 적극적으로 나아가야 할 뿐 아니라 어떤 작은 기회도 무심코 지나쳐서는 안 된다.

반대로 운이 나쁠 때는 현실을 올바르게 인식해야 한다. 아무리 머리가 좋아도 두뇌 활동이 둔해지는 시기가 있게 마련이기 때문이다.

어떤 사람이든 늘 현명함을 유지할 수는 없다. 경우에 따라서 불운이 사고력을 둔화시키기도 한다. 하는 일마다 잘되지 않는 시기에는 어떤 일을 해도 운을 바꿀 수 없다. 즉, 도박을 한다거나 확고한 결정을 내려서는 안 되는 것이다. 오히려 한 걸음 물러나서 머릿속을 다시 정리하고, 내부 나침반의 힘을 이용해 유리한 방향으로 운명을 이끌어야 한다.

나의 다짐

일이 잘 풀리지 않을 때는 한 걸음 물러서서

.... 하겠다.

인 생 다 짐

당신이 만약 내일 당장 죽음을 맞이하게 된다면
지금 이 순간 무엇을 이루고 싶은지 적어 보세요.

우울함을 멀리하기

희망은 환한 양초 불빛처럼 우리 인생의 행로를 장식하고 용기를 준다.
밤의 어둠이 짙을수록 그 빛은 더욱 밝다.
- 올리버 골드스미스

당신을 그늘지게 만드는 사람이나 당신을 의기소침하게 하는 일들과는 절대 가까이하지 않는 것이 좋다. 오히려 당신을 점점 빛나게 해주는 사람과 손을 잡고, 자신감을 키워주는 일을 하라.

성공한 사람들은 무조건 부정과 멀리한다. 목적의식과 목표를 가지고 그것만 생각하며 일을 열심히 즐긴다. 자신의 성공을 의심하지 않기에 긍정적이고 자신감이 충만하다. 마이너스적 경험을 하더라도 강점을 찾아내는 안목이 있다.

어떤 TV 프로그램의 프로듀서는 어릴 때부터 부모님의 부부싸움을 자주 목격하며 자랐다. 그러나 그는 부모님의 싸움으로 의기소침해지기보다는 그런 상황에서 유머러스한 부분을 찾는 연습을 했다. 그 경험을 바탕으로 가족을 테마로 한 프로그램을 만들어 히트시켰다.

어떤 상황에서든 긍정적인 면은 있기 마련이다. 반드시 그러한 생각으로 세상을 바라보길 바란다.

나의 다짐

나에게 부정적인 상황을 살펴보고, 이를 긍정적으로

극복할 수 있도록 .... 하겠다.

마음의 소란을 가라앉히기

신이 인간에게 미래를 밝혀 줄 그날까지 인간의 모든 지혜는
오직 다음 두 마디 속에 있다. "기다려라" 그리고 "희망을 가지라!"
– 알렉상드르 뒤마

마음의 소란을 가라앉히고 싶다면 되는 대로 맡기고 자연스럽게 수습
되길 기다리는 편이 현명하다. 즉, 격렬한 공격의 폭풍우에 휩싸였다면
파도가 조금이라도 조용히 치는 안전한 항구를 찾는 편이 좋다는 의미
다. 쓸데없이 중간에서 해결하려들면 오히려 상황을 더 악화하는 결과
가 초래될 수도 있다.

먼저 자연에 맡기고, 신에게 맡겨라. 뛰어난 의사라면 약을 처방하지 않
는 경우에도 처방할 때와 마찬가지인 효과를 발휘할 수 있는 수완을 지
녀야 한다. 즉, 아무 일도 하지 않는 쪽에 좀 더 깊은 지혜가 숨겨져 있는
법이다.

다가오는 회오리바람을 피하기 위해서는 안전한 장소에 몸을 기대고,
그 회오리바람이 지나가길 기다려라. 오늘 몸을 움츠리는 것은 내일 성
공하기 위한 최선책이다. 샘물을 흐리게 만들기는 쉽지만, 맑은 물로 되
돌릴 과정과 시간을 생각한다면 그냥 내버려 두는 편이 바람직하다.

나의 다짐

쓸데없이 중간에서 해결하려다가 상황이 악화된 경험으로

.... 이(가) 있다.

말은 부메랑이다

네가 말을 할 때에는
그 말이 침묵보다 나은 것이어야 한다.
- 라파엘로

적을 상대할 때는 품위를 유지하기 위해서라도 말을 신중하게 해야 한다. 말로 인해 생긴 상처는 의사도 치료해줄 수 없다. 누구나, 언제, 어디에서든 말을 많이 하는 것이 가능하지만, 한 번 입 밖으로 내뱉은 말은 결코 주워 담을 수 없다. 성서에서도 말하지 않았던가. '말수가 적으면 적을수록 책임져야 하는 결과도 적다'고.

어떤 말이든 결국 자신에게 되돌아오는 부메랑과 같다는 사실을 기억하라. 이는 바람이 한 방향으로만 불지 않는 것과 마찬가지다. 의견을 말하는 것은 자유이지만, 다른 사람이 들었을 때 상처가 되거나 수치심을 느끼는 발언을 해서는 안 된다. 그것은 남에게 상처가 되고 안 되고의 문제보다도 말하는 사람의 인격과 배려심의 결여를 나타내는 행동이기 때문이다.

통찰력이 뛰어난 사람은 부드러운 말과 예리한 논리가 바로 무기이다. 말도, 돌도 한 번 던지면 다시 되돌릴 수 없다는 점을 명심하라.

나의 다짐

내가 경계해야 할 대화 습관은

.... (이)다.

나는 친구이며 친구는 나와 같다

친구란 무엇인가?
두 개의 몸에 깃든 하나의 영혼이다.
- 아리스토텔레스

즐거운 일이나 서로의 이익을 나눠 가질 친구가 있다는 것은 분명 즐거운 일이다. 어두운 길을 걸어갈 때 누군가 나를 마중하며 밝은 등불을 비추고 있다는 것은 말하지 않아도 진심으로 느낄 수 있는 사랑과 우정이다. 일상이 힘들고 인생 자체가 암담하다고 느껴질 때 그런 진실한 친구 한 명이 있다는 것은 존재만으로도 큰 위로와 힘이 된다.

나는 누군가에게 그런 친구인가?

아리스토텔레스는 《니코마코스 윤리학》에서 '친구에 대한 관계는 자기 자신에 대한 관계와 다름없다. 자기 자신이 존재하고 있다는 것을 아는 의식은 바람직한데, 이와 마찬가지로 친구가 존재하고 있다는 의식도 반가운 것이다. 의식의 활동은 함께 생활할 때 생기므로 사람들이 친구를 찾는 것은 당연한 일이다.'라고 말하며 나의 존재와 친구의 존재를 동일시하고 있다. 나는 곧 친구이며 친구는 곧 나와 같다.

＼ 나의 다짐

자신 있게 말할 수 있는 나의 진실한 친구는

.... (이)다.

마무리의 중요성

많은 사람들은 포기할 때
자신이 성공에서 얼마나 가까이 있었는지 모른다.
- 토마스 에디슨

일을 시작하는 단계에서 이미 힘을 다 써 버려서 무엇 하나 제대로 결과를 만들지 못하는 사람들이 있다. 그들은 계획만 세울 뿐 실상 실행에는 옮기지 못한다. 구상이 잘 짜여 있어도, 실현하기 위한 노력을 계속하지 않으면 아무것도 변하지 않는다. 인내가 부족하기 때문에 일의 완성을 보지 못하고 스스로 무너져 버린다.

또한 모처럼 고생해서 곤란을 극복했으면서도 도중에 쉬어 버리는 사람들도 있다. 승리를 자신의 것으로 만드는 방법을 알고 있다는 것은 그것을 실행에 옮기면 이길 수 있다는 뜻이다. 하지만 실행하지 않는다면 그 마음이 없다는 의미와 같다. 기획이 좋았다면 어째서 완성하지 못했을까? 만일 나빴다면 어째서 시작했단 말인가?

시작만 있고 마무리가 없는 사람은 성공하지 못한다. 바둑을 두어 본 사람은 안다. 마지막 끝내기에서 선수를 빼앗기면 결국 승패가 뒤바뀔 수 있다는 것을 말이다.

나의 다짐

힘들지만 포기하지 않고 성취해낸 일로

.... 이(가) 있다.

싫은 사람을 받아들이는 방법

어렵고 불편한 사람은
나를 갈고닦게 만드는 숫돌 같은 존재다.
- 오모이 도오루

주변 사람들의 인격적 결함에 익숙해져야 할 필요가 있다. 마치 매일 봐야 하는 싫은 얼굴에 익숙해지지 않으면 안 되듯이 말이다. 특히 업무상 사람을 많이 상대해야 한다면, 이런 타협이 하루하루를 견디기 쉽게 만든다.

우리가 매일 생활해야 하는 이 세상에는 여러 사람과 결코 공생할 수 없을 듯한 사람들이 존재하지만, 그것 없이는 생활 자체가 번거롭고 힘들어진다. 따라서 그 사람과 얼굴을 마주해야 하는 상황에 처했을 때 자신의 감정을 억제할 수 있도록 싫은 상대를 받아들이는 것이 하나의 지혜라고 할 수 있다.

처음에는 싫은 상대의 모든 말과 행동에 온몸의 털이 곤두서지만, 서서히 그런 느낌과 두려움은 사라지게 만들어야 한다. 그리고 그 불쾌함에 대한 저항력이 생겨서 그 동물을 봐도 마치 그림 속의 한 장면처럼 두려움은 점점 멀어질 것이다.

나의 다짐
싫은 사람을 마주했을 때 나의 마음을 다스리는 방법은

.... (이)다.

자신의 불행을 털어놓지 않기

살인은 한 사람을 죽이는 것이지만, 소문은 세 사람을 죽인다.
이야기하는 나, 듣고 있는 이, 그리고 소문의 주인공이다.
- 석가모니

신중한 사람은 과거의 일이나 지금의 생활에 대해 결코 직장 동료들에게 진실을 말하거나 불행을 솔직히 털어놓지 않는다. 운명은 때로 가장 아픈 곳을 찌름으로써 사람을 좌절하게 만든다. 그렇다고 내 이야기를 떠벌린 사람에게 책임을 물을 수도 없다. 내가 뱉은 말이니 애초에 그런 상황을 발생하게 만든 내가 책임져야 하는 것이 당연하다.

사람의 악한 감정은 경쟁 상대의 나약함을 폭로하거나 급소를 찾아내는 일에 한없이 이끌리게 되어 있다. 그리고 마침내 치명상을 입히지 않고는 견딜 수가 없다. 따라서 현명한 사람은 자신의 고민을 타인에게 털어놓거나 관심의 손길을 기다리지 않는다. 자신이 가진 어려운 점이나 불행한 일, 불평의 말을 함부로 다른 사람에게 옮기지 않도록 주의해야 한다.

나의 다짐

남의 이야기를 옮기는 자신을 발견할 때마다

.... 하며 반성하겠다.

언제나 환영받는 사람

섬세하다는 것은 벼룩 한 마리가 몸에 앉는 미미한 감각조차 누군가에게는
엄청난 폭발처럼 느껴질 수 있다는 사실을 이해하는 상태이다.

– 제프 버클리

감정이 섬세한 사람일수록 감정이 상하는 일을 당했을 때 침착함을 잃
어버린다. 또한 큰 소리와 반복적으로 생기는 소음에 민감하다. 감정이
예민한 사람들은 자신이 쉽게 감정이 상한다는 것을 알기 때문에 타인
을 대할 때 늘 조심스럽게 대처하고 타인의 감정을 상하게 하지 않기 위
해 애쓴다. 그래서 더욱 무례한 행동이나 말을 하는 사람을 참지 못한
다. 주변 사람들의 비판이나 비난에 약해서 안 좋은 말을 들으면 마음속
에 담아두는 경향이 크다. 자신이 이런 사람이라면 의기소침해 할 필요
없다.

섬세한 사람들은 항상 어느 자리에서나 환영을 받기 때문이다. 다른 사
람에 공감을 잘하고 위로나 조언을 아끼지 않고 곁에 있어 주는 행동이
다른 사람들의 호감을 사기에 충분하다.

나의 다짐

나는 감정에 섬세한 편인가, 무딘 편인가?

활용할수 없는 지식은 가치가 없다

많은 공부와 지식이
곧 지혜로 연결되는 것은 아니다.
- 헤라클레이토스

시인, 몽상가, 철학자는 자칫 똑똑한 사람들이라 생각하기 쉽지만 가장 속기 쉬운 유형의 사람들이다. 이들은 비일상적 사항에 대해서는 멋지게 논하면서도 세상을 살아가는 데 실용적인 일반 사항에 대해서는 까막눈이다. 고상한 사색에만 빠져 있어 세속적인 일들을 생각할 틈이 없기 때문이다.

만일 당신이 이 엘리트 그룹에 속해 있다면 일상생활에서 타인에게 속지 않기 위해서라도, 또한 웃음거리가 되지 않기 위해서도 조금은 세속적, 경제적인 감각을 키울 필요가 있다. 이 세상에는 추구해야 할 많은 관심사가 존재하지만, 한 종류의 올바른 생활 지식과 양식은 반드시 필요한 법이니까 말이다.

활용되지 않는 지식 따위가 나중에는 과연 무엇이 될까? 자신이 알고 있는 지식이 지금 이 세상에 어떻게 도움이 되는지를 아는 것이야말로 과학의 진수이다.

나의 다짐

머릿속의 지식과 세속적인 감각 사이의 균형을 어떻게 유지하고 있는지 돌아보자.

어려운 일이라도 쉽다고 생각하기

숙고할 시간을 가져라.
그러나 행동할 때가 오면 생각을 멈추고 뛰어들라.
- 나폴레옹 보나파르트

쉬운 일에서는 부주의나 자만 때문에, 어려운 일에서는 무기력이나 두려움 때문에 실패를 경험하는 사람들이 있다. 얕보고 덤비는 일일수록 큰 함정이 존재하기 마련이다. 어떤 일에서든 심사숙고한 뒤 행동으로 옮긴다면 때로는 불가능하다고 여겨지던 일들도 의외로 쉽게 해결될 수 있다.

물론, 계획은 꼼꼼히 검토해야 하지만 쓸데없는 부분들까지 지나치게 고려하면 오히려 불안이나 공포감에 사로잡힐 수 있으니 주의해야 한다. 어렵거나 곤란한 점들만 신경 쓰고 걱정해서는 안 된다. 두려움은 성공에 있어서 가장 큰 적이다. 그것으로 인해 자신감이나 추진력, 주도성마저 흔들릴 수 있기 때문이다.

나의 다짐

나는 .... 을(를) 통해

불가능한 일을 가능하게 만들었다.

불운에 대처하는 자세

괴물과 싸우는 사람은 그 과정에서
자신마저 괴물이 되지 않도록 주의해야 한다.
그대가 오랫동안 심연을 들여다볼 때 심연 역시 그대를 들여다보므로.

- 니체

앞길을 가로막는 어떤 사소한 문제라도 가볍게 여겨서는 안 된다. 나쁜 일은 그 하나로 끝나지 않고 무리를 지어 찾아오기 때문이다.

먼저 행운과 불운의 원인을 명확히 확인하자. 양쪽 모두를 다 확인하는 것이 중요하다. 불행한 인간을 피하고 행운의 인간과 손을 잡으려는 것은 세상의 당연한 이치이자 습관이다. 불운한 인간은 자기 자신도, 이성도, 자신을 이끄는 별도 모두 잃고 만다. 그러므로 불운이 잠을 자고 있을 때는 깨우지 않도록 조심해야 한다. 사소한 실패라면 가벼운 상처로 끝나지만, 그것이 원인이 되어 큰 치명상을 입을 수도 있기 때문이다.

불운이 어디까지 굴러갈지는 아무도 모른다. 때로는 좋은 일은 전혀 없고, 나쁜 일이 언제 끝날지 모르는 상황에 처할 수도 있다. 따라서 하늘에서 비롯된 것에는 높이 존경하는 마음, 땅에서 비롯된 것에는 분별해서 알아보는 능력이 필요하다.

나의 다짐

불운이 찾아온다면, 가장 먼저 해야 할 일은

.... (이)다.

명예는 스스로 지키기

내가 아는 성공자는 모두 자신에게 주어진 조건에서
최선을 다한 사람들이다. '내일이면 어떻게든 되겠지' 하며
팔짱을 끼고 있던 사람은 한 사람도 없었다.

- 에드워드 호

속마음을 예측할 수 없는 상대에게 당신의 명예와 관련된 일을 맡겨서
는 안 된다. 침묵의 이점에 대해서도, 침묵을 깨뜨림으로써 안게 되는
위험에 대해서도 늘 대등한 입장으로 견지해야 한다. 같은 맥락에서, 처
한 환경이 너무 차이 나는 상대와는 교제하지 않는 편이 좋다. 자신보다
월등히 높은 환경에 있는 사람과 무엇을 함께할 경우 자신도 모르게 질
투나 적의의 감정이 생기게 마련이다. 즉, 성공과 멀리 떨어진 사람은
출세한 사람과 함께 있을 때 아무리 아닌 척해도 온화한 마음을 유지하
기 어렵다.

따라서 가능한 한 자신이 처한 환경에서 승부를 내도록 하며, 자신의 명
예와 관계된 일을 타인에게 절대 맡겨서는 안 된다. 만일 그럴 수밖에
없는 상황이라면 경계심을 늦추지 않으면서 상황을 간파해 나가는 것
이 중요하다. 그리고 위험이나 문제가 생겼을 경우에는 서로 책임을 진
다는 점을 미리 명시해 두도록 한다. 그래야 상대가 당신을 배반해 불리
한 증언자가 되는 일이 없을 테니 말이다.

나의 다짐

나의 명예를 유지하기 위해선

.... 이(가) 필요하다.

상대방을 관찰하는 습관

TV, 기록, 고속도로 같은 것을 신경 써서 보는 사람은 많지만, 무언가를 가만히
관찰하는 사람은 거의 없다. 모두들 눈을 뜨고 있어도 마음의 눈으로 보지 않는다.
- 피터 레삭

상대방을 관찰하라는 말이 어떤 의미일까? 여기서 관찰이란, 우리의 판
단과 평가를 멈추고 있는 그대로의 객관적인 모습을 본다는 의미이다.
상대방의 표정에 주목해 보라. 눈의 움직임을 관찰하고 거기에 비추는
마음을 해독하라. 눈썹과 입술의 움직임, 어조, 말투 등은 모두 상대방
의 마음을 알 수 있는 단서들이다. 표정이 선량하다고 악한 감정이 전혀
없다고는 할 수 없다. 쉴 새 없이 웃는 사람은 어리석은 유형이고, 화를
내지 않는 사람은 진심조차 의심하면서 억측을 쏟아내는 비뚤어진 마
음의 소유자다.

영혼이 순수하지 못한 사람을 믿지 말라. 그들은 만나는 사람들의 발을
걸려는 못된 버릇을 갖고 있다. 수다스러운 사람도 멀리하라. 수다는 대
부분 사실과 동떨어져 있는 부분이 많다. 따라서 수다스러운 사람은 이
성보다 감각에 의해 사물을 파악하고, 개인적 감정이나 기분에 더 충실
하며, 사실과는 거리가 먼 허튼소리를 늘어놓을 뿐이다.

나의 다짐

오늘 하루, 한 가지 대상 (...)을 정해

조용히 관찰해 보도록 하겠다.

두뇌를 단련하기

뇌는 교육적인 장난감이다.
- 탐 로빈스

인간의 두뇌야말로 창조주의 힘과 조화 능력이 가장 훌륭하게 구현된 결과물이라고 할 수 있다. 두뇌가 창조되어 이 세상에 인간과 함께 하는 이유는 인간이 두뇌를 배양함으로써 좀 더 고상한 존재가 되도록 하기 위함이다. 따라서 인간은 뇌의 구실을 올바로 이해하는 것이 무엇보다 중요하다.

두뇌 단련은 인간의 영혼이 이 세상에서 의무를 훌륭하게 소화할 수 있도록 하기 위한, 그리고 이 세상을 뒤로 한 채 죽음을 초월한 영원의 세계로 향할 때 영혼이 고상하고 우월한 위치에 설 수 있도록 하기 위한 하나의 방법이다.

반드시 지식적인 것을 많이 알기 위해 노력하는 것보다는 어떻게 창의적인 생각을 이끌어내고 뇌의 휴식을 줌으로써 더 뛰어난 활동을 할 수 있도록 도울 것인가에 주목하라.

___ 나의 다짐

지식은 물론 창의적인 생각을 하기 위해

.... 하는 시간을 가져야겠다.

인생에는 연습이 없다

꺼지지 않을 불길로 타올라라.

- 루이사 시게아

누구나 지금까지의 삶을 뒤돌아보면 어떤 때는 길을 잘못 들어서기도 하고, 또 어떤 때는 엉뚱한 선택을 하기도 했다는 것을 느낄 수 있다. 그리고 어떤 때는 절호의 기회를 놓치기도 하고, 또 어떤 때는 좋지 않은 습관에 물들어 있기도 했으며, 편견에 사로잡힌 적도 있을 것이다.

할 수만 있다면 현재 몸에 익숙해져 있는 이 경험을 원래대로 되돌리고, 다시 한 번 인생을 살아보고 싶은 마음이 간절하지만 인생에 연습이란 없다.

닐 암스트롱은 어릴 때부터 자신의 이름을 세상에 떨치겠다는 꿈을 꾸었다. 그가 달에 첫발을 내딛는 순간, "나는 어릴 적부터 항공사에 길이 남을 업적을 남기고 말겠다는 꿈을 꾸었는데 오늘 이루었다!"고 말했다. 그의 운명은 어릴 때부터 이미 결정된 것이나 다를 바 없다.

인생에 연습은 없지만 자신이 원하는 바를 지속적으로 그리면 그대로 이루며 살 수 있다.

나의 다짐

내가 원하는 바를 향해 꾸준히 나아가려면

.... 이(가) 필요하다.

새로운 것에 도전하기

한 번도 실패하지 않았다는 건
새로운 일을 시도하고 있지 않다는 신호다.

- 우디 앨런

우리는 살면서 수많은 '첫 경험'을 한다. 어릴 때는 무엇이든 처음인 것이 당연하지만 성인이 되고 나면 자신이 선택하느냐 안 하느냐에 따라 첫 경험의 횟수가 달라진다. 만약 새로운 상황에 직면할 때마다 시도를 하지 않는다면 남들 앞에서 불필요하게 체면을 구기는 일은 없을 것이다. 하지만 한편으로는 성공의 기쁨 또한 맛볼 수 없게 된다.

우리는 과감하게 시도하고 실패를 두려워하지 않는 사람들을 부러워한다. 그러나 그렇게 시도하는 사람들은 자신의 체면에 대해 지나치게 치중하지 않기에 가능하다. 시도해서 만약 실패하면 창피하고 부끄러울 수 있다. 그러나 염두에 두어야 할 점은 그 실수와 실패에 다른 사람들은 크게 개의치 않는다는 점이다.

나의 다짐
내 인생 최고의 과감한 시도는

.... (이)다.

지식은 유산이다

지식의 종류는 두 가지다. 우리 스스로 알고 있는 지식,
그리고 그것에 대한 정보가 어디 있는지 알고 있는 지식이다.
- 사무엘 존슨

만일 돌고 돌아서 찾아온 기회를 꽉 붙잡아 자신의 것으로 만들고 조금의 시간도 헛되이 보내지 않았다면, 우리 모두는 방대한 지식을 축적하고 있을지도 모른다. 마치 자신의 연구를 새로운 분야로까지 확장해 불후의 명성을 떨친 플라톤처럼 말이다.

이미 과거의 사람이 된 위인들은 우리에게 유산으로 지식이라는 보물을 안겨 주었다. 단, 그 유산 중에서도 가장 귀중한 지식은 금괴처럼 자신이 직접 파내지 않으면 손에 넣을 수 없다는 점을 잊지 말아야 한다.

지식은 유산이나 마찬가지다. 이미 세상을 떠난 많은 위인들이 우리에게 남긴 수많은 지식과 정보들이 수세기에 걸쳐 많은 사람들에게 유용하게 사용되고 있으니 말이다.

나의 다짐

내가 생각하는 가장 귀중한 유산(지식)은

.... (이)다.

한 가지의 재능은 타고난다

누구나 재능은 있다. 드문 것은 그 재능이 이끄는
암흑 속으로 따라 들어갈 용기다.
- 에리카 종

머리에 장식으로 꽂은 한 개의 깃털이 팔랑대는 벌거벗은 인디언과 플라톤이나 아리스토텔레스와 같은 현인의 두뇌는 분명 큰 차이를 나타낸다. 그렇다면 이런 차이는 어디에서 비롯되는 것일까?

미개인에게도 두뇌는 있다. 굳이 비유하자면 그것은 대리석의 돌기둥이나 마찬가지다. 아름다운 조각을 새길 수 있음에도 조각가의 손길이 한 번도 닿지 않은 돌기둥과도 같은 것이다. 즉, 미개인의 두뇌는 한 번도 학습에 의해 단련된 적이 없다. 그래서 초원의 난폭한 들소들처럼 씩씩함과 영악함만 지니고 있다.

모든 인간의 두뇌가 선천적으로 동질한지 아닌지는 논외로 두고서라도, 사람은 누구나 한 가지 이상의 뛰어난 재능을 지니고 태어난다는 점만은 분명하다. 그러나 그 뛰어난 재능을 발견하여 제대로 갈고닦느냐 그렇지 못하느냐에 따라 타고난 능력을 발휘하면서 사는지 아닌지가 결정된다.

나의 다짐

나의 능력을 제대로 발휘하기 위해 어떤 노력을 하고 있는가?

<u>무엇을 이루고 싶은지 늘 생각하자</u>

불평, 불만보다 자신이 원하는 바에 대해 더 자주 생각하라.

생각하는 대로 이루어지기 때문이다.

하루하루
흔들리는 나를 붙잡아줄
결정적 한마디

초판 1쇄 인쇄 2017년 5월 12일
초판 1쇄 발행 2017년 5월 19일

지은이 | 유태진
펴낸이 | 유진희
펴낸곳 | 빛과향기
등록번호 | 제399-2015-000005호
주　소 | 경기도 남양주시 별내면 청학로 114번길 34
전　화 | 031-840-5964
팩　스 | 031-842-5964
이메일 | songa7788@naver.com

ISBN 979-11-85584-36-2   03320